LUCES DEL ALMA

Reconoce tu poder intuitivo

y transforma tu vida

LUCES DEL ALMA

Reseñas de los lectores

"Este libro me permitió conectarme con esa voz interior a la que, con frecuencia, dejamos de hacerle caso. Es una obra cautivadora que explora la profundidad de la esencia del ser femenino y su conexión con lo divino. Aquí Brenda nos guía para conectar con nuestro sexto sentido y con todo lo sagrado para poder percibir de mejor manera todo aquello que nos conecta con lo intangible, esto con el fin de tomar mejores acciones y decisiones en nuestra vida cotidiana...una de las fortalezas de este libro es su enfoque práctico...nos recuerda la importancia de honrar la conexión divina".

Martha Santamaría

"Realmente Brenda sabe cómo atrapar al lector, empieza con una asombrosa historia que me dejó perpleja y desde ese momento seguí leyendo sin detenerme. Expone de manera accesible y comprensible el poder de la intuición y la importancia de estar conectada con ésta. Las historias de este libro son inspiradoras. Si confías y te lo permites, probablemente vivas cosas asombrosas como me sucedió a mí".

Concetta Brillante

3

"Un libro que, te dice con claridad, de forma explícita y además agradable lo que como base necesitamos saber para conocer eso que parece desconocido pero que existe en todo momento y realidad, hablo de la conexión divina, la intuición y el sagrado femenino...Gracias, me encantó y me motivó a leer en poco tiempo con ganas de saber más".

Liliana Rodríguez

"Un libro lleno de luz, que te guía en el camino de reencontrarte contigo misma, con tu esencia y tu ser. Aprenderás a conectar con tu intuición. Muy recomendable".

Noemi García

"Un día me preguntaron que era para mí un buen libro, la respuesta es muy sencilla: es aquel que terminas de leer y te deja con ganas de más. Un buen libro es como ese lugar donde has ido más veces, aunque no te gusta repetir los viajes, aun así, cada vez que vas descubres algo nuevo.

Pues eso es lo que tienes entre tus manos. Seas o no seas una persona espiritual, aquí hay algo para ti".

Denitsa Tsenova

"Este libro me ayudó a recordar que creo en la magia y los milagros. Llegó a mí como si alguien lo hubiese mandado al rescate mientras pasaba por una situación difícil en mi vida. En mi proceso evolutivo durante esta situación, usé herramientas que Brenda menciona, y fue realmente mágico ver los resultados".

Bea García A.

"Un libro perfecto para quien está iniciando su proceso de conexión y despertar. Muy sencillo de leer y entender, reúne muchos de los pequeños grandes consejos que pueden trasformar tu vida..."

Beatriz Domínguez

"...revela los misterios del alma de una manera única, tejiendo historias inspiradoras y enseñanzas que resuenan en lo más profundo de tu ser. Desde explorar la sabiduría intuitiva hasta abrazar la fuerza del sagrado femenino..."

Yngrid Cárdenas

"...este libro lo leí en un momento de ajustes de salud y reconexión con mi cuerpo. Aunque es breve, me trajo varios regalos de sabiduría y autenticidad. Hizo aportes interesantes para renovar algunas de mis creencias. Lo recomiendo ampliamente".

Selenia Capistran

Gracias por haber comprado este libro.

En las últimas páginas hay un regalo de agradecimiento para ti.

Esta soy yo

Soy Brenda Guadalupe Ruiz Cota. Estudié Contabilidad y Finanzas, luego obtuve una Maestría en Impuestos, certificación en Psicología Positiva, en Numerología Emocional y en Conciencia de Salud 1.

Trabajé en empresas familiares y grandes compañías por más de 20 años amando profundamente mi trabajo, a la vez que siempre me ha gustado entender a las personas, por lo cual hice muchos cursos de superación personal en paralelo.

Uno de mis objetivos es ser una madre presente, durante mis primeros 18 años de vida laboral, tuve la bendición de trabajar solo por las mañanas, por lo tanto, el resto del día lo dedicaba por completo a ser madre y cuidar de mis hijos. Siempre procuré aprovechar al máximo el tiempo libre con ellos, reservando un día a la semana para recogerlos y disfrutar juntos de un picnic en el parque o de una escapada a la playa, la cual estaba a tan solo 20 minutos de distancia de nuestra casa.

Buscaba constantemente romper la rutina y brindarles experiencias diferentes y enriquecedoras, sin descuidar nuestras responsabilidades. Organizarnos para disfrutar de ese tiempo entre semana era fundamental para nosotros.

Para mí, llegar a los 33 años fue algo muy significativo, en consecuencia, pienso en esa edad como el año de Jesucristo. Fue una etapa en mi vida donde se marcó un punto de inflexión produciéndose un antes y un después en la historia de mi vida.

Fue como un reencuentro con la esencia de mi niñez, la cual se había ido cubriendo con capas borrosas generadas por las influencias sociales, las presiones familiares y las expectativas provenientes del exterior. Al igual que ocurre a muchas otras personas, en mi caso, esa esencia estaba velada con las indicaciones del entorno explicándome cómo, supuestamente, debía comportarme para ser una "buena mujer", y este tipo de circunstancias suelen empujarnos al esfuerzo por ajustarnos a las expectativas de otros en lugar de ser fieles a nuestra esencia verdadera.

En mi caso, llegar a los 33 años fue un despertar, un momento para volver a conectar con mi esencia auténtica y liberarme de las expectativas ajenas. Aquellos que estuvieron cerca de mí antes y después de esta edad pueden dar fe de esta transformación, y no hay mejor escenario que este libro para inmortalizar mi profundo agradecimiento a quienes estuvieron allí, los "Ángeles Terrenales", que Dios puso en mi camino para que no me sintiera sola, ayudándome a identificar mi esencia más pura para poder sacar lo mejor de mí misma, tanto en el plano humano como en el espiritual.

¿Quién era la Brenda de antes?

Era una mujer profesionalmente exitosa, con dos hijos maravillosos, pero que luchaba con problemas de identidad, autoestima y falta de valor propio. ¿La razón? Vivía en un estado de codependencia, una enfermedad que consideraba peor que el cáncer.

En busca de ayuda, comencé a asistir a grupos de apoyo para parejas, donde durante muchos años participé como oradora.

Aunque este movimiento me ayudó a reconocer mi falta de plenitud, un día me di cuenta de que estaba viviendo en una especie de letargo emocional. Fue entonces cuando me propuse redescubrirme, valorarme y amarme de nuevo.

Siempre he sido una apasionada del aprendizaje y de la investigación, así que esta característica en mi personalidad me permitió emprender un largo y enriquecedor viaje de autodescubrimiento y crecimiento personal.

¿Cómo fue el camino a la plenitud?

En mi búsqueda insaciable por sentirme plena, exploré diversas terapias como Feng Shui, Logoterapia,

Constelaciones Familiares, Reflexología, Flores de Bach, Numerología, Terapia Biomagnética, Imanes, Acupuntura, Masajes, Astrología, Constelaciones con Caballos, Mantras Sagrados, Meditaciones, Cuencos Tibetanos, Frecuencias y otras más que tal vez no recuerdo.

Investigaba y aprendía todas estas técnicas para posteriormente aplicarlas en mí y en mis hijos, adoptando lo que realmente me funcionaba, desde esto llevo más de 25 años utilizando Aceites Esenciales de Grado Terapéutico Premium para el bienestar de mi familia, y más de 15 años integrándolos como parte fundamental de nuestro estilo de vida.

Buscando ese anhelado cambio me mudé a la ciudad de Guadalajara en 2011, junto con mis hijos y sin más posesiones que la ropa y el auto. Esto representó un momento muy difícil para mí, pero seguía comprometida con mi búsqueda personal, dispuesta a aprender y crecer al máximo en cada situación que se presentara.

La Brenda de hoy

En aquel recorrido, siento que encontré lo que buscaba, a mí. La Brenda de hoy en día se siente plena como mujer, feliz con quien es y con su manera de pensar.

Siento y actúo en coherencia. He aprendido a dar generosamente lo que deseo dar, sin preocuparme si la otra persona lo acepta o no.

Así mismo, decido recibir de los demás solo lo que realmente deseo, eligiendo conscientemente no aceptar nada de aquello que no considero bueno para mí, ni mi energía, ni mi mente, ni mis emociones.

Comprender y practicar esto me costó muchas lágrimas y esfuerzo.

El proyecto de Sada Mujer

"Sada Mujer" es un programa dirigido a la mujer, su objetivo es ayudar a la comunidad a tomar consciencia y a llevar una vida de bienestar más plena en todos los sentidos. Actualmente tiene presencia en más de 44 países a los cuales llegamos gracias a Sada radio TV, Roku, Apple TV, las plataformas de Redes Sociales, Podcast y 8 emisoras de radio repartidas entre Estados Unidos y México.

Este proyecto nace gracias a la manera como se ha transformado mi vida, como resultado de un sentimiento de profunda gratitud con el universo por todas las bendiciones que he recibido.

Ahora sé que se puede cambiar, sé que se puede ser feliz a pesar de vivir en un "pantano", porque ser feliz es una decisión, al igual que amar también lo es.

Aunque no soy una experta en temas de superación personal, me dedico a investigar, aprender y aplicar en mí misma lo que descubro. Mis experiencias de vida son lo que tengo para compartir contigo y eso es lo que te ofrezco en este libro, también estaré feliz de escuchar tus propias vivencias para seguir enriqueciéndome como persona.

Me encantaría que cada individuo en este mundo tuviera su propia varita mágica y supiera cómo vivir plenamente en este planeta porque estoy convencida de que es posible, para eso solo necesitamos conocernos a nosotros mismos y estar en paz con quienes somos.

Creo firmemente que parte de mi misión en esta vida es ayudar a más personas a empoderarse y a tomar el control de sus vidas, así como también a tomar consciencia de las consecuencias de sus acciones. Estoy comprometida con esta misión y dispuesta a seguir creciendo y aprendiendo para poder ayudar a otros de la mejor manera posible, este libro es parte de ese proceso de expansión.

Te invito a que trabajemos juntos en la mejor construcción de nosotros mismos.

Prólogo

Escribir el prólogo para el libro de una persona tan extraordinaria como mi esposa, representa un desafío singular.

Este acto, que se siente simultáneamente complejo y sencillo, refleja la profundidad y la simplicidad con la que ella aborda la vida.

Mi esposa es, sin lugar a dudas, una mujer excepcional. Centrada, decidida, y apasionadamente comprometida con sus metas, su vida es un testimonio del poder de la preparación, la educación continua y el deseo ferviente de apoyar a las mujeres en su entorno.

Este libro es un espejo de su alma; en él, se entretejen sus historias personales y profesionales con una maestría que solo puede provenir de alguien que vive cada día con propósito.

Su viaje, marcado por los senderos que ha elegido con el fin de ayudar a otros, ilustra su objetivo más grande: el ser una guía, una luz para aquellos que buscan su consejo, su amistad, su sabiduría.

Como amiga, es leal y fiable; como defensora de sus valores, es intrépida y ferviente. La espiritualidad y la energía son pilares de su existencia, guiándola a través de caminos que muchos sólo se atreven a soñar recorrer. Su honestidad y franqueza ofrecen una perspectiva constructiva y refrescante, atributos que, junto a su integridad, mi familia y yo admiramos profundamente.

Este libro es un regalo para el mundo, un recurso invaluable que espero sea compartido ampliamente.

Deseo que cada lector encuentre en sus páginas la inspiración para perseguir sus propios objetivos, para apoyar a otros en su camino, y para vivir con una autenticidad y un propósito que reflejen los valores y la pasión de mi excepcional esposa. Disfruten de esta lectura y compartan su luz con aquellos que más lo necesiten.

Samuel Olvera

Índice

Primera Edición: marzo de 2024

Aviso de exención de responsabilidad:

Este libro tiene como objetivo inspirar, guiar, educar y entretener, expresando opiniones y vivencias de la autora. No ofrece asesoramiento médico, financiero, legal, espiritual o psicológico. Se recomienda consultar siempre con un médico antes de iniciar o suspender cualquier tratamiento, o con un profesional experto en la materia relevante. Este libro no garantiza ningún resultado específico. Ni la autora ni las partes involucradas en su creación y distribución asumen responsabilidad por cambios, pérdidas o riesgos derivados de su lectura.

Editorial: Tosho Editorial - Contacto: toshoeditorial@gmail.com

Agradecimientos

Gracias al amor de mi vida, mi esposo, quien creyó en mí y me impulsó a realizar este hermoso viaje literario. Gracias por ser mi compresor y mi más bello espejo. Tu fe en mí y tu amor incondicional han sido mi inspiración más profunda. Este libro es un testimonio de nuestro vínculo eterno y del poder transformador del amor que compartimos. Gracias por ser mi luz y mi guía en cada paso del camino.

Gracias a mi familia, por su constante amor y apoyo, por estar a mi lado en los momentos de alegría y de dificultad. Por ser mis más grandes maestros en este mundo. Su presencia es el pilar que me sostiene y me da fuerzas para seguir adelante.

Gracias a todos los ángeles terrenales que se han cruzado en mi vida, en especial a los lectores beta por su gran aportación. Así como a Bea por su paciencia y gran apoyo en la edición del mismo y sobre todo por su confianza, amor y por dejarse tocar por la magia de Luces del Alma y sus arcángeles. A todos esos seres especiales que han compartido su sabiduría, tiempo, amor y apoyo incondicional. Su existencia ha enriquecido mi experiencia de vida de manera invaluable. A cada uno de ustedes, mi más profundo agradecimiento.

Gracias a todas las personas con quien he vivido experiencias de vida no tan agradables, sus desafíos me impulsan a ser una mejor versión de mí misma. A través de esos desafíos, he encontrado fortaleza, resiliencia y crecimiento personal. Gracias porque han sido parte fundamental de lograr mi conexión divina y plenitud.

Agradezco, por último, pero no menos importante, a los lectores de este libro. A ti, por tu atención y disposición para transformarte y empoderarte como nunca y convertirte en protagonista indiscutible de tu vida, dejándote guiar por la voz de tu alma y la luz del universo. Deseo que cada palabra escrita encuentre resonancia en tu corazón y sea una luz en tu propio camino de descubrimiento y crecimiento.

Gracias por acompañarme en esta hermosa aventura.

Dedicatoria

Dedico este libro, Luces del Alma a la memoria eterna de mi querido hijo no nacido, "Ángel Eduardo" cuya breve presencia en nuestras vidas llenó nuestros corazones de amor y esperanza. Aunque nunca tuvimos la oportunidad de conocerte en este mundo, tu luz brillará por siempre en nuestras almas.

A mis amados hijos y a mi querido esposo, quienes son la luz de mi vida y mi mayor inspiración. Cada página de este libro lleva impreso el amor y la gratitud que siento por ustedes. Mis más grandes maestros en este mundo. Gracias por iluminar mi camino con vuestra presencia y amor incondicional. En especial a Gabriel por su gran amor incondicional y a quien doy gracias por nuestra extraordinaria comunicación energética. Tal como decimos mi esposo y yo "hay tanto amor aquí que se desborda. No solo se siente viniendo de nuestras almas, sino también en el cuarto de la casa". Que estas Luces del Alma sean un reflejo de nuestro amor y un legado para las generaciones venideras. Juntos, seguiremos iluminando el mundo con nuestra luz interior.

A todas las mamás que han vivido la experiencia de la pérdida de un hijo, les envío mi más profundo amor y comprensión. Que encuentren consuelo en la fuerza de su amor maternal y en la luz que sus hijos siguen irradiando en sus almas. Este libro también es para ustedes, para honrar su valentía, su amor inquebrantable y su capacidad de transformar ese dolor en amor.

Deseo encuentren consuelo y sanación en estas páginas, y que sepan que no están solas en su camino de duelo y sanación. Juntas, compartimos un vínculo eterno a través del amor maternal.

Con amor, Brenda Ruiz

Latidos del Alma

No hay latido, tus cromosomas y los de él no son compatibles juntos —dijo la doctora refiriéndose a mí y a mi esposo mientras nos anunciaba que mi embarazo había llegado a su final, poniendo así en pausa indefinida la posibilidad de volver a ser madre algún día.

De esto trata esta historia de latidos del alma.

El amor nunca muere

En julio del año 2019, al poco tiempo de vivir juntos, mi esposo y yo recibimos la noticia de que seríamos padres nuevamente.

Él contaba con dos hijos, fruto de dos relaciones anteriores, y yo también contaba con dos hijos de mi matrimonio anterior. Aun así, ambos deseábamos tener más familia y este nuevo ser llegaría en el momento perfecto.

Le pusimos el nombre Ángel Eduardo y, en cierto modo, venía a consolidar la relación con este hombre con quien ahora compartía mi vida. Sin embargo, no todo iba a ser tan ideal como hubiera deseado en aquel momento.

A las seis semanas de mi embarazo, en una revisión rutinaria se nos informó que no se escuchaban los latidos del corazón del bebé, esto fue devastador para nosotros. Como consecuencia de esto, los médicos decidieron mantener la evolución del mismo en observación y hacer una nueva revisión en la semana siete, sin embargo, todo seguía igual.

La ausencia de latido seguía siendo una constante y en la semana ocho definitivamente se nos informaría que el bebé no tenía vida y que había que llevar a cabo una intervención quirúrgica para hacer un legrado, es decir, extraer al bebé y los tejidos que se forman como consecuencia de un embarazo que no había prosperado.

En aquel momento, algo dentro de nosotros se derrumbó.

Aun así, yo bromeaba con los doctores, aunque por dentro sentía un vacío, les decía que ya tenía de todo en la vida solo me faltaban gemelos, pues tenía parto normal, cesárea y legrado, así que iba ahora a por los gemelos, de esta manera, y sin darme cuenta, "mutilaba" mis sentimientos, haciéndome la fuerte frente a mis padres, mi esposo y mis hijos.

Durante el día de la intervención, no hacía más que pensar en que, racionalmente hablando, nada de aquello tenía sentido para mí.

A pesar de todo el apoyo que obtuve por parte de mi esposo y mis padres durante aquella pérdida, había cosas que me costaba entender, pues por alguna razón, durante las semanas que estuve a la espera de que se me informara acerca del estado del bebé, siempre pensé que estaría bien. Pensaba que había vida dentro de mí, es por esto que aquella noticia me había afectado tanto, pero era mi realidad y tuve que aceptarla.

Se había ido para siempre, al menos en su forma física pues a pesar de que aquel bebé nunca nació, él siempre estuvo y sigue estando presente, y de alguna manera envuelve mi vida en una aureola de magia y misticismo, ya que ambos nos mantenemos en contacto enviándonos señales que solo yo puedo entender y ver.

Por ejemplo, recuerdo en una oportunidad haber puesto velas en el día de la madre, y ver como con la cera se dibujaba la forma de un ángel.

En otra oportunidad, celebrábamos el día de San Eduardo, nombre que lleva mi esposo, uno de mis hijos, y nombre que también llevaría el bebé que nacería. Aquel día recuerdo haber entrado a un restaurante al que nunca había ido, y cuando nos llevaron a la mesa reservada para nosotros, encontré que justo allí había dos cosas que llamaron poderosamente mi atención.

En primer lugar, el cuadro de un ángel de la guarda, en segundo lugar, y específicamente, frente a nosotros se encontraba la foto de un niño pequeño que parecía que nos observaba con sus hermosos ojos, casualmente un niño de unos 4 o 5 años de edad, justo el tiempo de vida que Ángel Eduardo hubiese tenido para aquel momento, di hubiera nacido.

Puede que estas señales te parezcan débiles, casuales, irrelevantes o inventadas por mi propia necesidad de querer pensar que él seguía allí habitando y acompañándome desde algún lugar, pero para mí eran claras, fuertes y contundentes, era nuestra manera de mantenernos en contacto.

Mientras que por un lado la conexión con esta alma se mantenía, por otro lado, y a raíz de todo lo ocurrido, la conexión con mi esposo había comenzado a verse afectada al punto de querer separarnos, ya que él no quería convertirse en padre una vez más y yo todavía quería ser madre de nuevo.

Del vacío a la esperanza y de vuelta al vacío

Su posición era irreversible ante el dolor que aquella pérdida le había producido, no quería repetir ninguna experiencia que le aproximase a un dolor similar.

Sumado a todo esto, él pensaba que ambos estábamos ya demasiado mayores para convertirnos en padres nuevamente, así que lo mejor sería quedarnos con los hijos que ya teníamos y darnos por satisfechos con eso.

Yo por mi parte, iba en la dirección contraria, me aferraba a la idea de tener un hijo con él, y fue esta diferencia de enfoque la que comenzó a crear separación entre nosotros.

Aun así, yo insistía en mi sueño de convertirme en madre una vez más, y durante el confinamiento que trajo como consecuencia la pandemia del 2020, retomé la posibilidad de enfocarme en ese anhelo para lograrlo. Sentía que todavía podíamos ser padres.

Mientras este nuevo intento tomaba forma, creé la comunidad de Sada Mujer, y en este proceso tuve la fortuna de comenzar a conectar con gente que estaba en una frecuencia vibratoria parecida a la mía, con el amor y con el poder divino que todos tenemos de ayudar a los demás.

Fue entonces cuando una de nuestras queridas panelistas me hizo una lectura de ángeles en donde se hizo presente la energía del Arcángel Gabriel, y su mensaje para mí fue el siguiente:

Mensaje Divino: *"Arcángel Gabriel tiene un mensaje divino. Te recuerda que los milagros existen y que, si estas buscando embarazarte, pronto recibirás buenas noticias".*

> *Amplía esta información con del video "Etapas del despertar espiritual" código QR al final de la parte I.*

Esta lectura ocurrió aproximadamente en el mes de junio de 2021, en octubre del mismo año, nos darían la noticia de que nuevamente estábamos esperando un bebé.

Así fue como después de unas tres pruebas de embarazo que reconfirmarían la noticia, se lo anuncié a mi esposo de la forma más original que se me ocurrió, por fin estábamos llenos de ilusión nuevamente, pero esta alegría no duraría demasiado.

En la semana cinco, nos anuncian que el saco del bebé estaba roto, y me recomendaron tomarme unas pastillas para ayudar a expulsarlo y que de esta manera mi vientre quedase limpio.

Para este momento me encontraba viviendo como inmigrante recién llegada a Estados Unidos, el país en donde habíamos pasado la pandemia y, por esta razón, yo aún no contaba con un número de seguridad social, así que, sumado al malestar de la noticia, estaba también el hecho de sentirnos sin el respaldo de un sistema sanitario que se nos fuese familiar y accesible, uno al que pudiésemos recurrir indefinidamente para aclarar todas las dudas que nos iban surgiendo.

Nos hubiese encantado tener un doctor más familiar y cercano para buscar nuevas opiniones y diagnósticos, sin embargo, esto era lo que nos había tocado vivir.

La pérdida

Luego de una segunda pérdida, evidentemente, mi esposo reforzó la idea de que no deberíamos convertirnos en padres nuevamente, que estábamos demasiado mayores para aquello y que lo mejor era cuidarnos.

Incluso llegó a considerar la idea de recurrir a una intervención quirúrgica con el fin de hacerse una vasectomía y así garantizar que no pasaríamos por una situación de pérdida nuevamente.

Mientras tanto, yo cumplía con la labor de tomarme las pastillas para expulsar el cuerpo del bebé sin vida.

Cada 6 horas sonaba una alarma que me recordaba la dosis, y cada vez que esto ocurría, yo tomaba la pastilla, pero no sin antes ponérmela en mi mano y decirle a los Arcángeles Miguel, Rafael y Gabriel que, si aquel medicamento no era para mí, ni para mi bebé, pues que no hiciese efecto en nosotros y que se fuese directo a las vías urinarias, para ser expulsada lo más eficientemente posible de mi cuerpo sin dejar rastro en nosotros.

Los médicos nos habían dicho que cuando las pastillas hiciesen efecto, el sangrado sería abundante pues, además de todo lo que implicaba el tratamiento para expulsar al feto, yo contaba con 3 miomas, los tumores más frecuentes del aparato genital femenino y, probablemente, el tumor benigno más frecuente en la mujer.

También nos habían dicho que cuando esto ocurriese era muy importante mantener la hidratación, por lo cual nos abastecimos de electrolitos y bebidas ideales para mantener los niveles de hidratación adecuados, esperando que ocurriera lo que los médicos habían pronosticado.

Solo quedaba esperar, y estar preparados para una posible visita a urgencias, tal como lo habían indicado los doctores.

Sin embargo, el sangrado no aumentaba, por el contrario, estaba dejando de sangrar. Así que le propuse a mi marido que fuésemos nuevamente al doctor, ya que las cosas no estaban pasando como se esperaba.

Cuando llegamos a la doctora nuevamente, y le comentamos que no había sucedido nada de lo esperado, me preguntó si me había dado reposición para el medicamento, le contesté que no, inmediatamente se dispuso a prepararme una nueva receta.

Cuando se disponía a elaborarla, le pedí que me hiciera un ultrasonido, sentía que así podría entender mejor lo que estaba ocurriendo dentro de mí.

Ella insistió en que aquello no era necesario, que solamente había que repetir la dosis para expulsar al bebé, pero yo insistí en que necesitaba ver con mis propios ojos lo que estaba ocurriendo y no me movería de allí hasta que ocurriera.

Poco convencida, la doctora accedió a hacer lo que le pedí, siempre y cuando estuviese dispuesta a esperar un par de horas a que ella se desocupara con los otros pacientes, le dije que sin ningún problema esperaría lo que fuese necesario.

Mientras la doctora se desocupaba, el radiólogo iba colocando todos los aparatos para llevar a cabo el ultrasonido, yo simplemente observaba la pantalla esperando encontrar señales divinas, algo que me indicara que mi bebé estaba bien, miraba todos los colores que mostraba aquella pantalla, rojo, azul, etc., pero no entendía nada.

De pronto me di cuenta de que había más color azul que rojo y me preguntaba, ¿qué significaba el azul? ¿sería oxígeno?, necesitaba una señal y la buscaba sin descanso.

Cuando la doctora llegó procedió a realizar la ecografía transvaginal donde todo se reconfirmaba, el saco no estaba completo y no había nada que hacer. Acto seguido, me dio la reposición del medicamento, para que lo siguiera tomando cada seis horas.

En ese momento, se me ocurrió preguntarle qué era lo que podía ocurrir si no me lo tomaba, mi lógica me decía que, si el bebé ya no tenía vida, igual tendría que salir de allí de forma natural.

Ella corroboró mi sospecha, efectivamente si no me tomaba de nuevo las pastillas, el bebé tarde o temprano terminaría fuera de mí, con la diferencia de que correría algunos riesgos, como por ejemplo riesgo de infección o de desangramiento, en estos casos tendría que ir a urgencias para que me atendieran.

Miré a mi esposo y le pregunté su opinión, él solo quería salir de lo inevitable corriendo la menor cantidad de riesgos posibles para mí, y todo apuntaba a que si me tomaba el medicamento las cosas saldrían mejor que si no me lo tomaba.

Su conclusión más lógica era que si ya no había ninguna vida que cuidar, al menos que yo cuidara de la mía de la mejor manera posible.

Movimientos del Alma

Mientras ellos hablaban de lo que sería mejor para mi bienestar, yo no podía dejar de pensar en los movimientos que había visto en el monitor del aparato que habían utilizado para hacerme el ultrasonido, entonces intervine y pregunté:

—*¿Esos movimientos que se veían en el monitor, correspondían a los latidos del corazón de mi bebé?* —

Ella respondió que sí, pero también explicó que era una frecuencia tan baja que el bebé no sobreviviría; acto seguido, se acercó al aparato y dijo que eran 80 latidos por minuto. Según ella, una señal muy clara de que el bebé estaba abandonando la vida. Su corazón no tenía la fuerza suficiente para que el feto se desarrollase, era solo cuestión de tiempo que dejase de latir hiciésemos lo que hiciésemos.

Le dije que, si mi bebé estaba vivo, y sin importar el grado de su vitalidad, yo no podía tomarme aquel medicamento, así que le comuniqué mi elección de permitirme una expulsión que ocurriera de forma natural, sin medicamentos.

Aun así, ella insistió, y me dio la receta para reponer el medicamento.

Amplía esta información con del video "Escucha tu alma, sigue tu intuición" código QR al final de la parte I.

La gratitud por lo que tenemos, mientras lo tenemos

Al llegar a casa y en medio de aquella angustia y, a la vez felicidad, tomé la irreversible decisión de enfocarme únicamente en lo que yo percibía como algo positivo de aquella situación, decidí vivir cada instante junto a mi bebé sin importar el tiempo de vida que le quedase dentro de mí.

Comencé a comunicarme con él constantemente, a agradecerle que nos hubiese escogido como padres, le di gracias por ser parte de mi vida y de la de mi esposo y le dejaba saber que todo era perfecto tal y como estaba ocurriendo, que el tiempo que él decidiese pasar con nosotros, fuese el que fuese, lo aceptaríamos, que se sintiera libre de quedarse o de irse cuando lo decidiera.

Me comprometí a ser la mejor madre para él, le dejé saber que mientras estuviese dentro de mí, haría todo lo que estuviese a mi alcance para cubrir sus necesidades.

A partir de aquel momento me dediqué a vivir para mi bebé, establecí una relación y conexión difícil de explicar. Lo trataba como lo que era, mi compañero más cercano y en el día a día.

Le preguntaba acerca de lo qué quería comer o lo que quería hacer a cada momento. También me documentaba con respecto a lo que necesitaba de alimentación en cada etapa de su desarrollo semana a semana y eso comía.

Intentaba mantener a raya mis emociones de baja frecuencia, para mantenerme en armonía la mayor parte del tiempo. Le cantaba, le ponía música, le hablaba constantemente.

Aquel embarazo no se trató de mí, se trató de los dos, pero sobre todo se trató de lo que él necesitaba, fue un tiempo juntos increíble, donde siento que ambos disfrutamos al máximo.

Durante las noches, su papá y yo nos abrazábamos y le dejábamos saber cuánto lo queríamos, cuanto lo habíamos deseado, y le agradecíamos su presencia en nuestras vidas, sin importar cuanto fuese a durar aquel tiempo juntos, dejándole saber que aceptábamos sus decisiones.

En mi deseo de mantenerle conmigo, comencé a investigar más acerca de las posibilidades de éxito que había para casos como el mío. Enviaba todos mis exámenes y analíticas a mi doctor en México, y aunque él no podía ayudarme mucho, por no decir nada, yo no me detenía, seguía buscando.

Rezaba en códigos sagrados, en otros idiomas, pronunciaba salmos en la mañana, al medio día y a la noche, tomé terapia de biomagnetismo, *ThetaHealing*, Barras de Access, etc.

Iba haciendo todo aquello que por el camino me iba resonando, siempre desde el agradecimiento y sintiendo confianza sobre el proceso, con la convicción absoluta de que ocurriera lo que ocurriera, estaría bien así.

Por supuesto, entre todas mis búsquedas, no pudo faltar internet y fue allí donde me encontré con algo inesperado.

Descubrí que eran muchas las personas que habían pasado por una situación similar a la mía, personas a las que se les decía que el saco estaba roto y que el embarazo no podría prosperar de aquella manera.

Muchas de aquellas mujeres, al igual que yo, no habían hecho caso a los doctores y simplemente seguían su intuición haciendo que el embarazo llegase a buen término, aunque no todos los casos terminaban con lo que nuestro ego llamaría un final feliz.

También estaban las que habían tomado la medicación y habían perdido a su bebé, y las que habían tomado solo una parte y aun así lo habian tenido. Algunas de estas mujeres comentaban que sus hijos ahora ya eran grandes y que tenían ciertas edades, saberlo me llenaba el corazón.

Aquello me hizo pensar que, tal vez, si iba a otro médico éste podría darme un diagnóstico distinto y tratarme de forma diferente, sin partir del antecedente de que ya otro médico había dicho que el bebé no sobreviviría, sin embargo, se me hacía difícil esto debido a mi condición de indocumentada.

Aun así, lo que está para nosotros nadie lo apartará de nuestro camino siempre y cuando decidamos ir a por ello. Así que gracias a una amiga que me ayudó logré ponerme en contacto con un médico cubano que, por fortuna pudo hacerme un nuevo ultrasonido, y situaciones como esta iban renovando mi confianza en el proceso.

Confía en que saldrá el sol, aunque solo estés viendo las nubes

En el camino hacia aquel médico solo procuraba permanecer confiando en que todo estaría bien y que al llegar iba a escuchar lo que necesitase escuchar.

Simplemente había elegido poner mi fe en que las cosas ocurrirían como tenían que ocurrir.

Por supuesto que detrás de toda esa fe y esa sensación de que todo estaba bien, también había una extraña sensación que no sabría cómo calificar, básicamente tenía que ver con que todo aquello en lo cual estaba eligiendo creer iba en contra de lo que la ciencia y los doctores decían que realmente estaba ocurriendo.

Aun así, me mantuve, confiando en lo que mi corazón me decía.

Entré al consultorio de aquel médico cubano, mientras mi esposo esperaba en el pasillo, ya que debido a las restricciones del Covid-19 no podía entrar conmigo.

El médico me hizo una revisión desde cero, sin sesgo ni antecedentes. Llevó a cabo una serie de análisis detallados que se le hacen a todas las embarazadas y entonces ocurrió uno de los momentos más importantes de mi vida ¡escuché su corazón latir!

Allí estaba de nuevo, eran los movimientos del alma y aquel sonido que nunca olvidaré, el sonido de la vida.

—*Todo va bien en este embarazo* —dijo el doctor— *¿tienes alguna pregunta?*

¡Por supuesto que tenía una pregunta! Quería saber si el medicamento que había tomado para expulsar al bebé le había afectado. Sin embargo, y como era de esperar, él no tenía una respuesta para esto.

Lo que sí me aseguró fue que mi embarazo se veía totalmente normal, su tamaño, su talla, su corazón, todo estaba aparentemente perfecto.

Algunas de las personas que me rodeaban me incitaron a colocar una demanda en contra de la doctora que me había atendido anteriormente, la misma que seguramente sin querer me había conducido a acabar con la vida de alguien a quien no se le estaba dando la oportunidad de elegir si quería seguir viviendo, o no. Sin embargo, yo no quería hacer nada de aquello.

Sabía que ella había actuado de buena fe, guiada por las estadísticas y su experiencia previa con casos similares al mío, conducida por protocolos que debía cumplir y, sin duda alguna, muy desconectada de su intuición (conexión divina).

Su intención no había sido dañarnos, por el contrario, tengo la certeza de que hacía lo que consideraba mejor para nosotros.

Yo solo quería seguir con mi proceso y vigilar mi salud, pues para el momento que me hicieron la revisión mis miomas estaban más grandes que el bebé y solo había que asegurarse de que el bebé ganase más tamaño que ellos para que su vida no se viese amenazada.

Por supuesto que además de la alegría de saber que nuestro hijo seguía su proceso vital, también nos preocupaba la posibilidad de que viniese con algún padecimiento, ya que había muchos factores de riesgo: los miomas, los medicamentos, la edad (yo de 45 y mi esposo de 47).

Para descartar estos factores de riesgo era importante hacer algunos exámenes médicos, algunos de ellos muy invasivos y esto implicaba una nueva forma de arriesgar la vida del bebé otra vez.

Así que meditamos acerca de este tema, y nos preguntamos si realmente había algún resultado que esos exámenes médicos pudiesen arrojar capaces de hacernos retroceder en la decisión de querer ser los padres del milagro que venía en camino, la respuesta de ambas partes fue rotunda.

No había absolutamente nada que nos hiciese querer retroceder, lo amábamos profundamente en todas sus versiones, le queríamos en nuestra vida fuese como fuese.

Nuestra única preocupación real radicaba en no poder acompañarle el tiempo suficiente durante toda su vida, debido a nuestras edades.

Por todo esto, decidimos no hacernos ningún examen médico que implicara algún riesgo para él, y simplemente tener fe, pensar que todo lo que estaba ocurriendo estaba pasando así para el mayor bien de todos los involucrados. Ahora solo quedaba esperar y disfrutar del camino juntos.

Las señales siempre están ahí, las veamos o no.

Un 14 de junio estaba escuchando música o algún tipo de meditación mientras me bañaba, como siempre solía hacerlo. De pronto se interrumpió la melodía y comencé a escuchar un programa en donde hablaba una partera quien explicaba todo acerca de la ruptura del saco amniótico, o bolsa, durante el embarazo. Para este momento apenas me encontraba en la semana 37 de gestación.

A pesar de que había sido madre dos veces ya, nunca había experimentado la situación de que el saco se rompiera, y tampoco me imaginaba que estaba a tan solo horas de vivir esa experiencia.

A media tarde ese mismo día, justo cuando acabábamos de llegar mi esposo y yo a casa de dejar a nuestros hijos mayores en el boliche, me senté a hacer algunas tareas pendientes, y al levantarme me di cuenta que pisaba agua al caminar. Al principio, me costó entender de dónde venía el agua, pero pronto me di cuenta que salía de mí.

Gracias al programa que "casualmente" se había sintonizado de manera extraña durante mi hora del baño, pude reconocer lo que era una ruptura de bolsa y actuar acorde con las circunstancias. De no haber escuchado ese programa, no hubiese sido fácil para mí entender lo que me estaba pasando en aquella semana 37 de embarazo, y tal vez hubiese habido consecuencias, eso nunca lo sabré; lo que sí sé es que las señales estaban allí guiándome y, por fortuna, les presté atención.

Tan pronto entendí lo que me estaba ocurriendo, me acosté en un sillón, mientras mi esposo preparaba todo para irnos al hospital.

A pesar de que, supuestamente, faltaban varios días para dar a luz, "casualmente" el bolso para marcharnos a la clínica ya estaba preparado y, aunque hacía un par de meses que ya había comprado el porta-bebé, no fue sino aquella mañana que "casualmente" también lo había sacado de su caja, incluso ya lo había armado. Definitivamente estaba guiada en mi proceso.

Al llegar al hospital, me sentaron en una silla de ruedas por varias horas y, a pesar de mis ganas de ir al baño, aguanté todo lo que pude hasta que mi bebé decidió salir, con la ayuda del personal médico.

No fue fácil que saliera, ni para él ni para mí. Por su parte él estaba encajado, por mi parte la presión se descontroló y comencé a perder mucha sangre, eso trajo como consecuencia que me diese mucho sueño y, a pesar de que cariñosamente mi esposo me invitaba a que descansara y me relajara, dentro de mí sabía que si me dormía me iría de este plano, por lo cual elegí colocar el cien por ciento de mi atención en lo que hacían las enfermeras y mantenerme así.

Aun así, lo más difícil había pasado, y ahora ambos estábamos vivos, juntos y felices.

Soltando

Y tal vez te preguntarás cómo progresó nuestro ciclo de duelo en cuanto a la partida de Ángel Eduardo, el primer bebé del que había estado embarazada justo dos años antes en septiembre, "casualmente" el mismo mes donde quedé embarazada del segundo.

Pues debo decirte que algo muy interesante sucedió en las primeras semanas de embarazo de Gabriel, cuando todavía no sabía que estaba embarazada de él.

Ocurrió en un programa de Sada Mujer del día ocho de octubre de 2021 en una conversación con la tanatóloga Martha Vargas donde, sin ni siquiera darme cuenta, terminé sumergida en una terapia en línea, ya que gracias a sus palabras terminé sintiendo la más profunda gratitud por las 8 semanas de gestación que Ángel Eduardo pasó en mi vientre permitiéndome ser su madre durante aquel período de tiempo.

Ella me brindó una perspectiva nueva, con respecto a aquella pérdida, y quiero compartirla con todos aquellos padres que alguna vez perdieron a un bebé en gestación.

Esta tanatóloga me llevó a pensar que tal vez aquel bebé en otra vida, en otro momento o en otro espacio vivió el hecho de no ser un bebé deseado, esperado o amado.

Haber llegado a la vida de mi esposo y la mía sabiendo que era un bebé deseado, amado y esperado, puede que fuese lo único que necesitaba para completar su misión aquí en la tierra.

Nunca más vi a este bebé como una pérdida, ahora sé que fue un alma que vino y recibió tanto, pero tanto amor en aquellas 8 semanas de gestación que tal vez no necesitó pasar más tiempo aquí para completar su misión de ser profundamente amado por alguien.

Las palabras de esta tanatóloga me permitieron, después de 2 años, agradecer y soltar a ese bebé.

Si tú has pasado algo similar te recomiendo que veas el programa que te sugiero a continuación, te ayudará a entender que los tiempos de la vida son perfectos para cada alma, aunque nuestro ego quiera pelearse con esa idea.

Amplía esta información con el video "Agradecimiento" código QR al final de la parte I.

Y esta es la historia de cómo Ángel Eduardo nos transformó y de cómo Gabriel llegó a nuestras vidas un 15 de junio de

2022, su nombre es en honor al arcángel que lo anunció en aquella sesión de ángeles que tuve con mi amiga.

Hoy en día es un niño sano y hermoso con una personalidad inigualable.

Para mí este es uno de los mayores milagros que he experimentado en mi vida, y es la historia que he elegido para hacerte un recordatorio de que nuestras vidas están llenas de milagros, pero también recordarte que para recibir estos milagros debemos seguir nuestra intuición, esa voz interior que se encuentra llena de sabiduría y nos habla constantemente.

La vida está llena de señales que nos mandan nuestros ángeles, arcángeles, la luz divina y el creador, sin embargo, somos nosotros quienes muchas veces elegimos no hacerles caso, por el contrario, nos mantenemos en el drama enfocados en lo que nos falta, en lo que no se puede y en lo que nunca nadie ha conseguido antes.

Por si no lo supieses, siento la responsabilidad de decirte que en esta vida estás guiado, siempre hay alguien o algo cuidando de ti, conspirando para que tus sueños se hagan realidad. Lo único que debes hacer es actuar con fe, vivir en confianza y mantener la comunicación constante con tu yo superior y con esos guías que te hablan a través de eso que llamamos intuición.

Lo mejor está por venir, y en este libro quiero enseñarte la mejor manera que he descubierto para conectar con tu esencia más pura y todo el potencial que llevas dentro.

Con amor,

Brenda

PARTE I

LA INTUICIÓN

Despertando la Sabiduría Interior

¿Qué es la intuición?

La intuición es eso que no sabes cómo lo sabes, pero lo sabes.

Esa luz interior que ilumina nuestros pasos, la conexión con la divinidad y la sabiduría que forma parte de cada uno de nosotros desde el mismo momento que llegamos a este mundo.

Es el canal que trae a nuestra existencia toda la información con la que necesitamos contar para saber en qué dirección y a qué velocidad nos debemos mover, es la capacidad interior de saber siempre qué es lo mejor para nosotros, que a su vez deriva en ser lo mejor para el entorno, incluso cuando a veces parece que no es así.

Una decisión tomada desde la intuición, lo cual viene siendo lo mismo que una decisión tomada desde la sabiduría, siempre aportará el mayor beneficio para todos los involucrados que se encuentran alrededor de la persona que elige actuar coherentemente, incluso aunque al principio la decisión se vea egoísta.

Solo el tiempo y la confianza en los procesos que se desarrollan con base a la intuición, y no con base a la lógica, serán capaces de demostrar que a veces lo que parece "malo" en el presente, es lo único que se necesitaba experimentar para tener una vida armoniosa, en paz y en coherencia.

Con frecuencia nos desconectamos de esa intuición y es aquí cuando llega el caos a nuestras vidas, cuando comenzamos a vivir la vida que otros quieren, en lugar de vivir la vida que, en lo más profundo de nuestro ser, sabemos que deberíamos estar experimentando.

¿Cómo reconocer y desarrollar la intuición?

La intuición está totalmente conectada con nuestro cuerpo, y es por eso que podemos practicar el desarrollo de nuestra intuición haciéndole preguntas al cuerpo y escuchando de manera consciente cada una de sus respuestas.

Para comenzar a desarrollar este hábito no necesitas hacer preguntas complicadas cuyas respuestas te generen estrés como, por ejemplo, si te debes divorciar antes del mes que viene o si debes cambiarte de trabajo teniendo una montaña de deudas por pagar, aunque podrías, ya que la intuición es capaz de responder a todo eso y mucho más, sin embargo, para comenzar a desarrollar este hábito empieza por preguntas sencillas cuyas respuestas no representen grandes riesgos ni amenazas para tu mente racional, de lo contrario ella va a rechazar todas las respuestas que no considere lógicas, y con frecuencia, la mente racional es la peor enemiga de la intuición.

Para empezar, pregunta a tu cuerpo cosas como, por ejemplo, ¿qué desea comer hoy?, ¿a qué hora se quiere ir a dormir?, ¿a dónde desea ir? o ¿qué es lo que quiere hacer? en determinados momentos. Si prestas atención verás que ella siempre responde.

Establecer una comunicación con nuestro cuerpo no se trata de hacer aquello a lo que estamos acostumbrados, ni tampoco se trata de hacer lo que nos enseñaron que teníamos que hacer desde pequeños, de hecho, esto sería justamente lo contrario; se trata de algo totalmente nuevo, de prestar atención a los requerimientos y mandatos que emanan de nuestro interior.

La intuición es la capacidad de reconocer o percibir algo de manera clara e inmediata sin la intervención de la razón, su lenguaje no habla desde los prejuicios o los juicios, habla desde el amor.

La conexión con ella comenzamos a perderla en el momento en donde perdemos la conexión con nuestro cuerpo, en el momento que comenzamos a vivir la vida que nos enseñan nuestros padres y nuestros educadores en general, cuando empezamos a escuchar más lo que se encuentra fuera de nosotros, que lo que se encuentra dentro, hasta el punto que esa voz interior se hace prácticamente inaudible.

Cuando la intuición se apaga llegan las famosas creencias limitantes. Al dejar de escuchar nuestra guía interior, sentimos la necesidad de poner más atención a todas las guías que se encuentran fuera de nosotros, y esto es porque el entorno social se encarga de convencernos de que eso es lo que está bien.

¿Y por qué tendría el entorno social más influencia sobre la construcción de nuestras creencias que nuestra propia guía interior?

Esto sucede porque la parte más primitiva de nuestro cerebro considera que ideas propias capaces de contradecir al entorno están directamente relacionadas con nuestra supervivencia, y esto ha sido así en cierto modo, pero en otras épocas y en otras circunstancias.

En épocas anteriores, cuando pertenecíamos a una tribu era importante cuidarse de que ninguna de nuestras elecciones estuviese en oposición a las creencias usuales de los integrantes del grupo, de ser así ellos podrían ver amenazada su integridad y expulsarnos; al estar solos (sin tribu) sería más difícil cazar, cosechar y vivir en general, por lo cual una manera de pensar diferente a la del entorno podía estar directamente relacionada con mantener o perder la vida.

Lamentablemente, aún suceden cosas así en algunas culturas, pero si no vives en una tribu o cultura así de restrictiva, tienes la fortuna de poder sentir tu cuerpo en libertad creando una nueva realidad.

Somos privilegiados, usa tus privilegios, tu libertad de elección, tu libre albedrío.

Cuando nos vamos desarrollando empezamos a creernos cosas que nos dicen como, por ejemplo, que no podemos salir sin *sweater* porque nos enfermamos, que no debemos comer helado porque nos hace daño, o que no debemos andar descalzos porque nos resfriamos.

Así como nos creemos cosas tan simples, nos creemos otras mucho más graves capaces de aniquilar nuestra autoestima llenándonos de miedo y dudas acerca de nuestra propia sabiduría interior, en consecuencia, empezamos a aceptar las etiquetas que poco a poco comienzan a ponernos entre todas las personas que componen nuestro entorno, y esto ocurre en un momento donde nuestro cerebro no se encuentra capacitado para cuestionar, debido a que todavía estamos en una fase muy temprana de nuestra vida, la infancia. Así que incorporamos esas etiquetas como una parte indiscutible de nuestra identidad y también de nuestra realidad.

Luego, cuando vamos creciendo y nos encontramos en nuestra fase de desarrollo esta situación se va apoderando con más fuerza de nuestro cerebro. Cuando alguien nos dice cosas como: "eres desordenado", "no sirves para cocinar", "no eres bueno en matemáticas", "no sirves para esto, o no sirves para aquello otro", nuestra mente se lo cree, al menos en cierto grado, más aún cuando la persona que nos lo dice es alguien que nos quiere y no tiene intención de hacernos daño.

¿Cuántos de nosotros terminamos la preparatoria, vamos a la universidad, nos casamos y tenemos hijos sin ningún tipo de cuestionamiento?, para luego (tal vez demasiado tarde) darnos cuenta de que aquello no era exactamente lo que queríamos hacer, o tal vez sí lo queríamos, pero no a las edades que lo hicimos, entonces notamos las muchas cosas que se nos quedaron por hacer, pero no nos percatamos de que todo fue la consecuencia de una programación por parte del entorno, y no lo de lo que nuestra intuición nos decía.

Tal vez teníamos el sueño de estudiar una carrera, pero las voces del exterior nos decían "te vas a morir de hambre si estudias eso", "no eres bueno para eso, o para aquello otro", "en nuestra familia todos somos médicos o abogados y tú también tienes que serlo", "en nuestra familia nadie fue a la universidad, tú tampoco lo necesitas", etc.

Tal vez nos faltó viajar más o estudiar una carrera que nos gustaba más, no la que hacía feliz a papá y a mamá.

Tal vez soñábamos con crear un emprendimiento, pero nos fuimos a lo seguro porque nos sembraron el miedo, así que elegimos aquel cargo empresarial que tanto orgullo le producía al entorno.

Las voces del exterior hacen tanto ruido que, si no nos entrenamos correctamente, será muy difícil poder escuchar a nuestra voz interior, y en estos casos es importante destacar un hecho inamovible, las voces del exterior nunca se van a silenciar, solo depende de ti bajarle el volumen o ignorarlas completamente.

Esto puede verse con claridad en las tradicionales reuniones navideñas de familia, o en las fiestas de cumpleaños, en donde siempre hay una tía o una abuelita preguntando cuándo te casas, y cuando ya te casas, obviamente comenzarán a preguntar que cuándo tienes hijos, ya luego que tienes el primero, preguntarán que cuándo viene el segundo, y así sucesivamente: siempre hay una expectativa que llenar y si nos dedicamos a satisfacerla estaremos tomando el camino más corto a la infelicidad y el camino más largo a nuestra capacidad de poder diferenciar nuestra voz interior de todo el ruido que se encuentra fuera de nosotros.

De esa manera vamos desarrollando la vida que otros piensan que debemos tener, en vez de crear la vida que nosotros queremos tener.

Es así como ocurre lo que nunca debería ocurrir, nos vamos desconectando de nuestra intuición y en consecuencia nos vamos apagando, dejamos de disfrutar nuestra vida y, la mayoría de las veces, ni siquiera somos capaces de identificar en qué parte del camino nos invadió esa sensación de sentirnos perdidos o vacíos.

Y puede que al leer esto te estés preguntando qué es lo que debes hacer entonces para conectar con esa voz interior capaz de conducirte y guiarte hacia una versión de tu vida donde tu bienestar se mantenga de manera constante en su máximo nivel. Hablemos de esto en el siguiente apartado.

Amplía esta información con el video "Potencializa tu ser #5 Consejos sobre nuestro instinto" código QR al final de esta parte I.

El hábito estrella para comenzar a desarrollar tu intuición

Existen muchas prácticas capaces de acercarnos a nuestra capacidad de conectar con esa voz interior que tanto puede transformar los resultados de nuestra vida, sin embargo, cuando nos encontramos desconectados de nuestra intuición y deseamos comenzar a conectarnos con nuestra sabiduría interior, la meditación es una de las prácticas más efectivas que existe, por eso es mi principal recomendación.

Meditar no quiere decir que vamos a pasar horas con la mente en blanco, éste es un concepto errado que muchas personas tienen de esta herramienta de transformación, yo misma tenía esta apreciación equivocada anteriormente, y por eso pensaba que la meditación no era para mí.

Se me hacía prácticamente imposible tener la mente en blanco, sin embargo, con el tiempo entendí que no era lo que necesitaba conseguir.

Existen muchas maneras y técnicas de meditación que varían de acuerdo al tipo de escuela o de cultura en donde aprendas a meditar, y que también varían de acuerdo a las necesidades y personalidad de cada quien, por lo que siempre habrá alguna manera de meditar que encaje contigo.

Meditar, va más allá de poner la mente en blanco, es dejar pasar los pensamientos de lado y poner la mente en el momento presente con atención plena (*mindfulness*), se trata simplemente de observar sin juicio, quedarte en el aquí y en el ahora sin la necesidad de tener que conseguir nada, en un período de tiempo donde no hay pasado, ni futuro, solo existe el ahora.

En mi caso disfruto mucho de momentos así, bañándome. Pongo atención plena en los masajes que a mi cuerpo le gustan, me exfolio, siento los movimientos del agua, su sonido, y mientras todo esto ocurre, imagino con mi mente que no solo se limpia mi cuerpo con esa agua y ese jabón que estoy utilizando, sino que también se limpia mi energía.

Hago el ejercicio de imaginar que del agua sale una luz divina y dorada que me baña por completo llenándome de abundancia y sabiduría, así que para mí esta es una forma de meditar.

Otra de mis formas favoritas de meditar es ir a la playa, puedo pasar grandes períodos de tiempo simplemente viendo a la gente pasar, jugar e interrelacionarse, sin prejuicios, sin permitir que mi mente intervenga y comience a opinar con respecto a lo que allí está ocurriendo.

Observo cómo se mueven las olas, la arena, las hojas de los árboles y las aves que allí habitan, solo manteniendo mi atención en el momento presente. Me abro a conectarme con sus energías y a recibir de ellos.

Mientras todo esto ocurre llevo a cabo respiraciones profundas, llenándome del oxígeno limpio que allí se encuentra y sacando todo lo que ya no le sirve a mi cuerpo, a la vez que voy sintiendo todas las sensaciones que se van despertando en él.

Si siento calor le pregunto a mi cuerpo si desea colocarse a la sombra, ponerse en donde haya más brisa o si prefiere ir y meterse al agua.

Es así como se desarrolla la capacidad de volverse introspectivo y recuperar esa voz de la que tanto hemos hablado a lo largo de este libro.

Apaga las voces

Cuando comenzamos a desarrollar ese talento de ser capaces de observar lo que hay en nuestro propio interior, es entonces cuando podemos llegar a preguntarnos si en realidad ¿somos la persona que nos gusta ser?, o ¿somos la persona que otros han decidido que seamos?, ¿somos un títere, en nuestra propia película? o ¿somos los protagonistas de la misma?

Y es aquí donde comienza a desatarse ese proceso de autoconocimiento y expansión que nos permitirá elevar nuestro nivel de bienestar, haciéndonos preguntas simples, básicas y aparentemente irrelevantes o intrascendentales como, por ejemplo, ¿por qué salí con una chaqueta? si no tenía frío.

Es ese el momento de comenzar a experimentar cuáles son las cosas que realmente son parte de ti, y las que no.

Cuando te das el tiempo y la oportunidad de preguntarte si lo que haces, lo haces porque te agrada, o porque te dijeron que tenías que hacerlo, como ocurre por ejemplo con las carreras que estudiamos, todo se transforma.

En mi caso quería estudiar psicología y mi padre me dijo: "Los psicólogos están más locos que los pacientes".

Luego quise ser abogada, especializándome en derecho penal, y me dijo que eso no era para mujeres.

Terminé siendo contadora, lo cual me gusta mucho, aun así, en paralelo hice mis cursos y certificaciones en el área de psicología, porque siento que eso es parte de mi naturaleza, es lo que más disfruto, no solo cuando lo aprendo, sino cuando puedo hacer aportes capaces de transformar las vidas de las personas. Me gusta analizar los comportamientos del ser humano, sin prejuicios, solo mirarnos intentando descubrir "¿para qué?" hacemos lo que hacemos.

Es por esto que te invito a hacerte una pregunta cada vez que hagas algo, por pequeño e insignificante que parezca, repito, no me refiero a algo que pueda dar un giro dramático al rumbo de tu vida, como podría ser la elección de cuál carrera estudiar, me refiero a algo mucho más sencillo y menos trascendental, te invito a preguntarte ¿para qué haces lo que haces?

Debes descubrir si eso que estás haciendo lo haces porque realmente quieres o porque te lo impuso papá, mamá, algún otro familiar, tu grupo de amigos o la sociedad.

Luego que te hagas esa pregunta, toma la decisión de comenzar a deshacerte de las creencias limitantes que no te pertenecen y que un día las hiciste tuyas pero que no te gustan, no las disfrutas, o no te hacen sentir en coherencia durante tu momento presente.

Acto seguido, simplemente comienza a hacer las cosas que sí te gustan a ti y a tu cuerpo.

Existen muchos caminos para llegar al mismo sitio

Cuando comiences a hacer eso, notarás cómo tu energía y tu aura se expanden, y esto traerá una consecuencia maravillosa. Verás como tu ser comienza a sentirse más protegido de la energía de todos aquellos que te rodean, ya que tu campo electromagnético se habrá hecho más grande y cumplirá más eficientemente con su función de protegerte.

Esto es algo que sucede cuando entramos en comunión y coherencia con nuestro propio ser y sabiduría interior.

Llegados a esta parte, me veo en la responsabilidad de aclarar que existen múltiples caminos para llegar a ese punto de coherencia y conexión con nuestra propia sabiduría interior, lo que quiero decir es que no todos necesitamos meditar para lograr esto, algunas personas lo conseguirán simplemente caminando unos minutos al día, disfrutando de cierto tipo de danza, de ejercicio o escuchando cierto tipo de música. De hecho, existe música capaz de ayudarnos a equilibrar los Chakras, y cuando logramos esto, nuestra frecuencia vibratoria se sintoniza con otras frecuencias similares, entonces comenzamos a resonar con personas que también están en ese mismo tipo de sintonía.

En momentos así nuestra vida comienza a tener transformaciones espectaculares y grandes cosas comienzan a suceder, las circunstancias comienzan a sorprenderte y repentinamente lo cotidiano, lo ordinario y lo común, se vuelven magia.

Amplía esta información con los videos "La introspección como evolución en el invierno" y "Creencias Limitantes" códigos QR al final de esta parte I.

Recupera tu brillo

Antes de comenzar a abordar este tema es imprescindible aclarar que no importa en qué religión haya crecido cada quien; todos venimos de un creador y somos parte de él, ya que estamos hechos por él a su imagen y semejanza, en consecuencia, tenemos en nosotros esa luz o cristales llenos de poder divino con los cuales todos llegamos aquí, sin ningún tipo de discriminación.

Con el tiempo, esos cristales se llenan de pequeños residuos que los vuelven opacos y entonces dejan de brillar.

Pero, ¿qué es lo que hace que esos "cristales" dejen de brillar? Pues hay muchas respuestas para esta pregunta y ya hemos abordado algunas de ellas.

Dejan de brillar como consecuencia de las creencias limitantes que nos imponen durante nuestro desarrollo, también dejan de brillar cuando dejamos de escuchar esa voz que vive en nuestro interior y permitimos que se deteriore la conexión que tenemos con nosotros mismos, cuando dejamos de observar conscientemente nuestro cuerpo y los mensajes del alma, así como también cuando dejamos de prestar atención a nuestro "angelito" y a nuestro "diablito", esos que viven, metafóricamente hablando, en cada uno de nuestros hombros y son la brújula que apunta hacia dónde dirigirnos.

Esto no significa que el "angelito" sea lo único que está bien y el "diablito" lo que está mal.

Cada uno cumple una función, en donde gracias a la oscuridad podemos reconocer la claridad, donde tiene que haber caos para reconocer el orden y en donde hay destrucción para que pueda existir la posibilidad de renacer.

Así somos cada uno de nosotros, como el ying-yang. Somos luz, pero también tenemos nuestras áreas oscuras, somos femenino y masculino, la clave está en reconocer estas áreas e integrarlas.

Cuando, por fin, decides comenzar a desarrollar hábitos que realmente te ayudan a conectar con tu voz interior, y a entender lo que te hace verdaderamente feliz, a sentirte en plenitud y bienestar, en ese momento te vas a encontrar con ese puente hacia la conexión divina.

Cuida el puente

En ese momento en donde el puente comienza a reestablecerse, ocurrirá algo maravilloso de lo que ya hemos hablado antes, tu frecuencia vibratoria cambiará y entonces comenzará una nueva parte del proceso que no debe preocuparte ni asustarte, me refiero a que habrá gente que comenzará a alejarse de tu vida y eso está bien.

Necesitas que se vaya la gente que te impide expandirte y te limita a expresar tu máximo potencial en este corto período de tiempo que pasarás aquí en la tierra.

Si, necesitas hacer espacio en tu vida permitiendo que se marchen aquellos que no te dejan la libertad de tener una conexión optimizada contigo mismo, o contigo misma, esto debe ser así para que puedan llegar personas que te aporten valor en esta nueva fase.

Recuerda que en esta vida todos somos transitorios y estamos con las personas para algo. Por favor, vuelve a leer esto bien y con detenimiento, estamos con las personas para algo. Nunca te preguntes ¿por qué alguien forma parte de tu vida?, pregúntate ¿para qué está esa persona en ella?

Dicho esto, y partiendo de la idea de que todas las personas forman parte de nuestra experiencia aquí por alguna razón, es importante comprender que muchas de ellas ya cumplieron su misión a nuestro lado y es sano dejarlas ir, o ser nosotros quienes nos retiremos de la vida de ellas, incluso aunque al principio parezca que podría ser doloroso y aunque llegue a serlo, solo el tiempo te podrá mostrar que, con esa persona a tu lado, tu máximo potencial nunca se habría llegado a desplegar.

Cuanto hablo de las "personas de tu vida", me refiero a todas aquellas que forman parte de ella, desde tu familia de origen, hasta tu jefe o tu pareja, pasando por tus amistades de la infancia. Todos ellos nos acompañan para apoyarnos en diferentes fases de nuestra evolución, de la misma manera que nosotros los acompañamos a ellos con el mismo fin.

Cuando tu cambio comience a ser notorio, como una consecuencia natural de haber trabajado en el fortalecimiento de ese puente hacia tu intuición tomando elecciones desde la coherencia, la paz y el bienestar interior, es posible que empieces a notar que tu transformación se tornará incómoda para algunas personas que te rodean, y eso es normal.

Es normal que el entorno muestre resistencia al cambio porque, tal y como lo expliqué anteriormente, el cerebro interpreta los cambios como una amenaza a la estabilidad, y no quiere que se cambie lo que ya está "funcionando", incluso si funciona mal.

Para nuestro cerebro, todo aquello que no amenaza la vida funciona, es así de binario. Lo que quiero decir con esto, es que a pesar de que hay muchas cosas que nos hacen daño, el cerebro no necesariamente las rechazará, a menos que vea una amenaza real de supervivencia.

En ese sentido, debemos aceptar que a él no le importa el éxito de nadie, ni la conexión con la intuición ni nada de eso, su principal función es preservar la vida, por esta razón no le gusta ningún cambio que amenace su estabilidad y un cambio en el comportamiento de uno de los individuos de la tribu, puede ser interpretado como una amenaza. Incluso, aunque de manera consciente nadie sea capaz de reconocer esto, en el subconsciente se enciende una alarma.

Por ejemplo, digamos que en una familia todos han sido médicos, todos han sido cristianos, o todos han vivido por generaciones en el mismo pueblo. Ahora supongamos que un descendiente de esa familia no quiere estudiar medicina, no comulga con el cristianismo, o decide emigrar. En el cerebro consciente de esa familia seguramente todos saben que ese tipo de decisiones no pone en riesgo la vida de nadie, sin embargo, el subconsciente familiar no tiene la misma percepción, quiere que la persona siga los pasos de sus antepasados porque hacer eso ha demostrado que los mantiene con vida, la prueba está en que existen, y eso es lo único que al cerebro le importa, la preservación de la especie.

Sabiendo esto, debes anticiparte a la posibilidad de que cuando comiences a expandirte, seguramente no faltarán las personas que te quieran hacer sentir culpable por tu cambio, y debes estar en la capacidad de sortear esta situación, prepararte durante tu transformación para no retroceder ni desanimarte en tu proceso evolutivo. Te dirán cosas como, por ejemplo, que has cambiado mucho, que te has vuelto egoísta, extraño.

Cuando eso ocurra, tómalo como una señal de que todo está yendo bien, porque en realidad lo que está ocurriendo es que estás dejando de cubrir las expectativas del entorno para comenzar a cubrir tus propias necesidades desde el amor propio.

Evidentemente, no hablo aquí de que te vuelvas un apático, o apática que no presta ayuda y que no se implica con el entorno, nada más lejos de eso, hablo de hacer todas esas cosas, pero desde la paz, sintiéndote en coherencia con todas tus acciones, escuchando la voz de tu intuición, ya que a veces damos ayuda, tiempo, dinero, etc., sintiéndonos fuera de coherencia y dejando de lado nuestras propias necesidades.

Todo esto lo reconocemos cuando nos sentimos forzados, sometidos u obligados, incluso aunque nadie nos esté obligando de manera literal, igual podemos estar actuando de manera forzada y fuera de coherencia, simplemente es la consecuencia de años y años de programación donde se nos enseñó que si no complacíamos al entorno, entonces no seríamos igual de amados o de aceptados, y puede que eso sea verdad en cierto grado, no serás igual de aceptado por algunas personas, pero en su lugar llegarán otras a aplaudir y admirar tu determinación de elegir una vida en coherencia.

Di que no

Es importante aprender a decir no. Cuando no tienes la valentía de decir que no, tan solo por agradar a los demás, te mutilas, la intuición se apaga y se pierde la conexión divina, en contraposición a eso, cuanto más te acostumbres a poner límites sanos con las personas que te rodean, más fuerte se hará tu intuición y tu conexión divina.

Cuando hagas esto, te darás cuenta de cómo las situaciones más simples de la vida se transforman y te empoderan, por ejemplo, tomarte un vaso de agua desde tu elección o vivir poniendo tu atención en las pequeñas cosas del momento presente, puede ser algo grandioso para ti.

Es así como reconectas con esa memoria celular que se encuentra en unión a la divinidad y enciendes tu conexión nuevamente.

Cuando esto sucede te das cuenta de que ya no necesitas interponer tu mente, ni tu ego en todo lo que haces, los "tengo que", los "debería", los juicios y los prejuicios se desvanecen.

En ese momento deja de existir el victimismo y todo aquello que te impedía avanzar estancando tu energía. Es ahí cuando se te abren de par en par las puertas a un mundo nuevo en donde todo lo que ocurre comienza a adquirir un significado y comienzas a extraer enseñanzas de todas las situaciones, especialmente de todas aquellas que te resultan agradables. Es ahí donde todo lo que antes veías desde un rol de víctima, ahora comenzarás a verlo incluso desde la gratitud, porque entenderás que, en primer lugar, la vida transcurrirá con un menor nivel de fricción o resistencia, dicho en otras palabras, tendrás una vida más fluida, feliz y en coherencia contigo mismo.

En segundo lugar, aquellas experiencias que seguirán ocurriendo y que definitivamente preferirías no tener en tu vida, ya no te harán sentir subyugado, solamente activarán en ti tu capacidad de encontrarle propósito y vivirlas desde el amor y la aceptación, mientras esperas a que tu capacidad de comprender ese propósito se revele o se muestre ante ti.

Amplía esta información con el video "Nuestra memoria y cómo sanarla con aceites premium" código QR al final de esta parte I.

Cómo la intuición puede transformar tu destino

La intuición es todo lo que necesitas para elegir acertadamente los caminos que necesitas recorrer, con el fin de vivir todo lo que viniste a vivir.

La historia que te cuento al inicio de este libro, es una historia de intuición, si recuerdas, la doctora me mandó a tomar una medicación para expulsar a mi bebé, comencé a tomármela, pero con cierta duda, por eso repetía en cada toma "Arcángel Gabriel, Arcángel Rafael, Arcángel Miguel, si esta pastilla no es ni para mí, ni para mi bebé, que se vaya a las vías urinarias y no surja su efecto en nosotros". Cuando fui de nuevo al doctor y vi que había un movimiento de un posible feto, pero que había que seguir tomando las pastillas, entonces fue cuando mi intuición gritó más que nunca.

A pesar de que había una doctora con autoridad en el tema hablándome, y también había un aparato que respaldaba su opinión médica donde efectivamente se mostraba que el bebé no tenía la fuerza suficiente para desarrollarse, había algo más que estaba por encima de toda esa evidencia, algo dentro de mí que me decía que no me las tomara, y esa es la conexión divina de la que hablo.

Cuando hacemos caso a esa conexión divina, evidentemente nuestro destino cambia, porque estamos usando nuestra sabiduría y estamos yendo más allá de la ciencia, fue lo que ocurrió en mi caso. Cuando prestamos atención a eso, estamos usando esa pequeña parte del creador que se encuentra dentro de nosotros, y que todos tenemos.

Con base en esto, te invito a que transformes tu destino ahora. Todo lo que estás viviendo puede ser diferente si así lo decides. No te voy a decir que será fácil siempre, lo que te estoy diciendo es que será posible.

En mi caso fue muy doloroso el momento donde perdí a mi bebé y me vi sometida a la necesidad de realizarme un legrado, volver a pasar por lo mismo una vez más me llenaba de miedo y, sin duda alguna, lo más fácil hubiese sido tomarme las pastillas de nuevo para no volver a sufrir ante la esperanza de que esta vez un nuevo bebé sí llegaría a mi vida, para luego verlo desvanecerse durante un período de embarazo más amplio, pero esto lo había más doloroso aún.

Pero gracias a esa conexión que todos tenemos con la divinidad, pude escuchar a mi intuición mientras me repetía a mí misma que para esa divinidad no hay imposibles y que todos nosotros somos parte de ella.

Cuando, finalmente, eliges tomar el camino que te dicta tu intuición, es importante trabajar a niveles profundos la confianza y fluir, tal como lo expuse en segmentos anteriores, tienes que aquietar la mente, los juicios y los prejuicios. En mi caso ponía toda mi intención en esas pastillas y simplemente confiaba.

Si hubiese permitido que mi mente, mi lógica y mi racionalidad se interpusieran, estoy segura de que no hubiese obtenido los mismos resultados, yo simplemente confiaba en que ocurriría lo mejor para mí y para todos los involucrados.

Si comienzas a tener esa confianza, tu destino se va a transformar de forma acelerada y en dimensiones que no puedes ni siquiera imaginar.

Entonces, te invito a preguntarte ¿cuánto estás confiando? y ¿cuáles son los pensamientos que están cruzando ahora mismo por tu cabeza?

Fíjate en tu presente, porque es el reflejo de los pensamientos de tu pasado, en consecuencia, tu presente es lo que dará vida a tu futuro. Pregúntate si lo que estás sintiendo y pensando ahora tiene algo que ver con lo que deseas para crear el futuro que quieres.

¡Tenemos que despertar!, solo despertando y teniendo convicción absoluta de que tenemos todo este poder, podremos dirigirnos y aproximarnos con paso firme a la vida deseada, siempre escuchando nuestros mandatos interiores.

Tomando decisiones basadas en el cultivo de la intuición. (Ejemplos prácticos)

Dinero

Para profundizar en este segmento comencemos con un ejemplo hipotético.

Supongamos que estás en un trabajo donde no te pagan bien, te exigen que trabajes más tiempo del acordado e incluso te tratan con falta de respeto, sin embargo, es esa la única fuente de ingresos que tienes para pagar todas tus facturas, así que te aferras cada vez más a esa situación ya que, por el momento, no ves otra posibilidad de cumplir con tus obligaciones financieras.

Ante un pensamiento o un enfoque de esta índole, lo que estarías haciendo sería cerrando las puertas al universo e impidiendo que éste te muestre nuevas posibilidades de avanzar por un camino más fluido y en coherencia.

Podríamos decir que estás pensando desde la carencia, y desde los pocos caminos que ya has descubierto desde el pensamiento racional que tu entorno te ha enseñado a tener.

En un caso así no estarías permitiendo al universo la posibilidad de mostrarte nuevos caminos que desde donde te encuentras ahora son imposibles de ver, caminos que solo verás si confías y te das el permiso de reconectar con la voz interior de la que hemos venido hablando a lo largo de todo este libro.

Ábrete a la infinita lista de posibilidades que el universo, el creador, Dios, o como quieras llamarlo, tiene para ti. Solo cuando te abras te la podrán mostrar, mientras tanto nada de eso sucederá porque eres tú quien decide crear, o no crear, el escenario para que estos nuevos, sorpresivos y desconocidos hechos ocurran. Sin escenario no hay "obra", sin obra no hay aplausos.

Si quieres "aplausos", y con esto me refiero a la recompensa de tener una vida en coherencia, entonces necesitas crear el escenario, la manera de crearlo es permitiendo que se forme ese puente entre tu sabiduría y la gran divinidad. De hecho, el puente está creado, nunca se ha ido a ningún lado, solo necesitas restaurarlo y recordarlo.

Así que, volviendo al ejemplo del empleo, y desde esta nueva perspectiva que te acabo de proponer, digamos que te diriges a esa inteligencia superior y en paralelo, emprendes una nueva búsqueda de empleos abriéndote a la posibilidad de tener uno mejor, y cuando digo "mejor", no me refiero a que será un empleo donde ganes más dinero, tal vez ganes menos, pero te sentirás más feliz, más valorado, con un mejor nivel de vida en donde descansas más y puedes pasar tiempo de calidad con tu familia.

Como ya lo sabes, el dinero no lo es todo, aquí lo que más importa es que estás decidiendo cambiar de un trabajo donde sentías que tu calidad de vida se había deteriorado, por un trabajo que eleva tu bienestar; verás como a la larga esto es lo mejor, porque cuando comienzas a disfrutar, la magia comienza a suceder y, de pronto, aunque al principio no ganabas mucho más, estabas disfrutando y eso hizo que tal vez allí vieran en ti una chispa que de otra manera nadie hubiese podido ver, así que tal vez te den un bono, te suban el salario, te promueven o, quizás, sea en ese trabajo donde encuentres el socio o el conocimiento que necesitabas para, posteriormente, crear tu propio emprendimiento y multiplicar exponencialmente tus ingresos.

En caso contrario, si sigues yendo cada mañana a un trabajo en donde no te sientes bien, donde casi vas arrastrando los pies, no vas a poder florecer ni sentir plenitud, adicionalmente estarás deteriorando día a día ese puente que te conecta con tu intuición, o poder interior, y esto traerá como consecuencia que tu autoestima se debilite y que pierdas esa sensación de poder de elección que deberías tener sobre tu propia vida.

En este caso, no importa cuánto dinero te paguen, nunca será suficiente para ti, porque no hay dinero que pueda llenar el vacío que produce una situación de este tipo sostenida en el tiempo.

Por si fuera poco, eventualmente el dinero terminará marchándose, porque el dinero no resuena con este tipo de energía. Por el contrario, cuando estás ganando dinero y disfrutas la manera como lo ganas, terminará llegándote y vendrá cada vez más.

Relaciones

Así como pasa con el dinero, también ocurre con las relaciones, hablemos entonces de este segundo ejemplo.

Cuántas veces nos hemos encontrado en una relación donde quizás sentimos que la otra persona es injusta con nosotros, o que comete abusos, y en este caso quiero referirme especialmente a las mujeres quienes con frecuencia nos comportamos como madres con nuestras parejas.

Esperamos que llegue, le atendemos, limpiamos, le cocinamos y además luego le reclamamos porque queremos atención, pero no lo hacemos de una forma adecuada.

¿Qué pasaría si en vez de reclamar su atención les damos gustos que también nosotras disfrutamos?

Podría ser una comida especial para compartir, un baño en la tina, un masaje en los pies.

Tal vez haciendo algo que a ti te gusta descubres algo que le gusta a él, y verás como esa relación se transforma y mejora, en este caso no se trata de que él cambie, se trata de que tu forma de verlo y tratarlo cambie.

Cuando nos creamos prejuicios acerca de la otra persona, sin importar el tipo de relación de la que estemos hablando (pareja, jefe, hijos, padres) generamos más de eso que tanto nos molesta. Cuando lo soltamos y revestimos esas situaciones de cosas bonitas, la otra persona se comportará de maneras diferentes hacia nuestra persona.

No importa si deja la tapa del baño arriba, el pantalón tirado o la pasta de dientes aplastada por el lado que no te gusta, a ti es a quien le molesta, no al otro.

En ese caso baja la tapa, recoge el pantalón y arregla la pasta dental, pero hazlo sin molestarte, sonriendo y desde el amor.

Cuando aceptamos a los otros como son, entonces todo comienza a ponerse a nuestro favor y tal vez en unos días tu pareja comience a dejar la tapa abajo y el pantalón en su sitio, o tal vez no, tal vez nunca lo haga, y si eso llegase a suceder elige la paz, es más fácil vivir en paz que en guerra y solo tú puedes elegir cómo vivir.

Ya hablamos del dinero, el trabajo y las relaciones, hablemos ahora de la salud.

Salud

Al igual que cuando vibras alto, como consecuencia de escuchar tu voz interior, atraes un mejor trabajo, más dinero, una mejor relación, también atraes una mejor salud.

Tu salud es la consecuencia de tus pensamientos, ya que esos pensamientos generan unas emociones que a su vez generan una bioquímica que, en consecuencia, modifican tu cuerpo mejorando o empeorando tu bienestar físico.

Ante la presencia de una enfermedad o una dolencia, la intuición también será la respuesta. En estos casos debes preguntar a tu cuerpo qué intenta enseñarte y simplemente escuchar su respuesta, ya que toda enfermedad es la manifestación física de una dolencia emocional.

Ama tu cuerpo, trátalo bien, escúchalo, complácelo, actúa como si estuviese rebosante de energía y salud, simplemente hazlo feliz. Eso fue lo que hice durante el tiempo que estuve embarazada de aquel bebé que, supuestamente, nunca llegaría al mundo y hoy lo tengo a mi lado.

Amplía esta información con el video "Aprende a decir NO con PNL" código QR al final de esta parte I.

PARTE I
PROGRAMA SADA MUJER

LAS 5 ETAPAS DEL
DESPERTAR
ESPITIRUAL

POTENCIALIZA TU
SER #5
CONSEJOS
SOBRE NUESTRO
INSTINTO

CREENCIAS
LIMITANTES

AGRADECIMIENTO

LA
INTROSPECCIÓN
COMO
EVOLUCIÓN EN
EL INVIERNO

NUESTRA
MEMORIA
CELULAR Y
CÓMO SANARLA
CON ACEITES
PREMIUM

ESCUCHA TU
ALMA. SIGUE TU
INTUICIÓN

APRENDE A
DECIR NO CON
PNL

PARTE II

EL SAGRADO FEMENINO

Redescubriendo la Energía Femenina y sus principios

El significado del Sagrado Femenino

Son escasas las personas que comprenden las cualidades o los principios del sagrado femenino, el cual representa un estado de consciencia donde comprendemos y aceptamos que tanto hombres como mujeres necesitamos sanarnos mutuamente.

Esta sección es una invitación a conectar con la energía de la Madre Tierra y con nuestro corazón, buscando construir un equilibrio entre lo masculino y lo femenino, tanto en nuestro interior como en nuestro entorno, un recordatorio de que el cuerpo femenino es un símbolo significativo, al igual que el vientre y el útero femeninos, los cuales representan la conexión con lo no manifestado, con la Diosa y con la Madre Tierra.

Muchas veces, nos referimos a circunstancias propias y naturales del cuerpo femenino con asco, rechazo e incluso vergüenza, como si realmente hubiese algo de lo que avergonzarse, cuando, en realidad, se trata justo de lo contrario. Nuestra menstruación, es decir, nuestra sangre, es portadora de vida y su poder sanador es ilimitado. Entonces, ¿qué es el sagrado femenino?

Es la conexión con la intuición, la percepción, la espiritualidad, la creatividad y la emoción. Es la sabiduría que va más allá de lo común y lo evidente, una energía que resalta y viene acompañada de información e intención. Cuando estamos conectados con el sagrado femenino, es cuando ocurren los milagros a todo nivel.

La canción

Quiero compartir aquí lo que me sucedió en el programa del 9 de septiembre de 2021, mes en el que me embaracé de Gabriel. Me encontraba grabando mi programa de "Sada Mujer", y en esta oportunidad, el tema era "Aprende a honrar tu sagrado femenino". Al terminar la transmisión, me quedé conversando con la panelista sobre la planificación de los temas para el siguiente mes, pero, sobre todo, hablamos acerca de una energía sumamente fuerte que ambas pudimos sentir durante el programa.

De pronto, escuchamos una canción que nos impedía oírnos la una a la otra en nuestra conversación. Le sugerí que bajara el volumen de su música, ya que no era capaz de entender lo que me decía. Me respondió que no tenía ninguna ventana abierta en su computadora ni en ningún otro dispositivo electrónico. Luego, me dijo que ella también podía escucharla y que tal vez la canción estuviera reproduciéndose en mi computadora.

Mientras más intentábamos descubrir de dónde venía la música, más intervenía nuestra racionalidad y menos prestábamos atención a la letra de la canción. Entonces, me pregunté si aquello podría ser una señal. ¿Por qué sonaba aquella canción sin que nadie hubiera dado la orden de reproducirla?

Comencé a prestar atención a cada uno de sus versos y fue entonces cuando entendí que una de mis misiones en esta vida era ayudar a las personas a conectar con su divinidad. La canción es "Reloj de Campana", dice: *"...mujer despierta, sabemos que no es fácil, hay veces que el camino se pone áspero, pero eres una gran mujer y lo vas a lograr, mira hacia tu divinidad y encuentra el camino..."*.

El aspecto más crucial a comprender sobre este tema es que cuando una mujer se encuentra en equilibrio consigo misma, no existe conflicto de pareja, materno o familiar que no pueda superar. Es la mujer, estando en su plenitud de poder, energía femenina y conciencia de su potencial, quien induce la polaridad necesaria para "transformar a su hombre". Esto se debe a su capacidad de acoger, nutrir y sostener, así como de educar a las futuras generaciones de hombres y mujeres que darán forma a la sociedad.

En este contexto, no me referiré específicamente a cuestiones de género, sino a la dinámica de cualquier pareja. En la unión sentimental, siempre habrá una persona que predomine en energía femenina y otra en masculina, puesto que una relación sana y duradera se asemeja a una hermosa danza. En ella, uno retrocede para que el otro avance, y viceversa, creando así un movimiento armónico. Para lograr una unión sagrada de almas en este mundo, es esencial que las energías masculina y femenina de ambos individuos se encuentren equilibradas.

Por tanto, es fundamental preguntarnos si, como mujeres, estamos educando a nuestras hijas para que comprendan, valoren y honren su sagrado femenino. Del mismo modo, debemos considerar si estamos enseñando a nuestros hijos varones a respetar su energía masculina, reconociéndolos como proveedores.

El desarrollo de esta polaridad requiere un equilibrio y balance constantes en nuestras vidas y en cada una de sus áreas. La desvinculación de una mujer de su esencia no solo la afecta a ella, sino que también tiene un impacto profundo en familias enteras, las cuales pueden llegar a desmoronarse como resultado de no manejar adecuadamente su propia energía o el poder que la divinidad le ha otorgado.

Amplía esta información con el video "Aprende a honrar tu sagrado femenino" código QR al final de esta parte II.

Los Principios del sagrado femenino

1. Unión en lugar de rivalidad

Cuando aprendemos las cualidades de lo que representa el sagrado femenino, todo puede transformarse. Para esto, es importante comprender al detalle cómo se polariza la energía en nuestro cuerpo.

Por un lado, tenemos la energía femenina, que se representa en el lado izquierdo de nuestro cuerpo, donde también reside la sensibilidad, la vulnerabilidad, la emotividad, la intuición, la fertilidad, la misericordia, el perdón, la unión y la parte sensorial. Es aquí donde radica la creatividad y la energía materna. Este lado es receptivo; cuando estamos bien conectados con él, nos permitimos recibir. También es donde reside la energía de la luna. Además, es el lado pasivo y negativo, es decir, el yin.

Por otro lado, así como tenemos una mitad negativa y femenina, también tenemos una positiva y masculina, porque no somos solo un lado, somos dos lados que se complementan. En este caso, me refiero a nuestra parte derecha, la cual se caracteriza por la fuerza, la valentía, el ego, la acción, la ejecución, la racionalidad y la intelectualidad. Anhela dar y proveer, tener un objetivo y concretarlo es lo suyo. En ella reside la energía del padre, y es el lado con el cual aprendemos y damos, es decir, el yang.

Cuando hablamos de la energía masculina y femenina, es importante destacar que ambas son necesarias, ya que esta polaridad es imprescindible para lograr el equilibrio, y es por eso que hablamos de unión en lugar de rivalidad.

Con frecuencia, podemos escuchar a mujeres decir que no necesitan un hombre para vivir, y esto está bien así. Lo importante aquí no es si necesitamos un hombre en nuestra vida, sino la emoción que puede estar ocultándose detrás de un comentario o pensamiento de este tipo. Podría haber un preponderante despliegue de exceso de energía masculina, con un alto enfoque en la ejecución, la acción, la intelectualidad y el poder. En estos casos, la energía femenina podría estar permaneciendo ahogada, lo que evidentemente nos impide florecer y expandirnos con fluidez.

En ese momento, estamos dejando de conectarnos con nuestra intuición y energía creadora, con la espiritualidad y la capacidad de crear milagros, perdiendo la posibilidad que todos tenemos de unir nuestros dos lados.

Visto esto, te invito a pensar cómo se mueve la energía en tu hogar, por ejemplo, con tu pareja. Ese podría ser un buen indicador para que puedas entender de cuál de tus dos lados fluye con mayor facilidad dicha energía, y cuál podría estar encontrándose con la oportunidad de tener un mayor despliegue. En caso de que no tengas pareja, te invito a razonar y reflexionar acerca de la energía preponderante en tu familia, con tus padres ahora, o antes, cuando vivías con ellos.

¿Estaba presente esa energía sagrada femenina? Me refiero a la energía que contenía, nutría y recibía. ¿Desempeñas tú estas funciones como mujer? ¿Lo hacía tu madre cuando era ella quien dirigía el hogar?

Pero ¿cómo saber si tu energía femenina está siendo desplegada o utilizada correctamente, por ejemplo, con tu pareja? Te daré algunas pistas. Cuando la mujer ejerce el poder de su energía femenina sobre el hombre, no espera que este actúe en el momento en que se le pide la acción, simplemente porque es una creación nuestra, no del hombre.

En este sentido, él no va a actuar de inmediato porque todavía no ha procesado la información que la mujer ha generado. Recordemos que ellos son intelectuales y no pueden hacer algo solo porque se lo diga su mujer, su hija o su madre desde la creatividad intuitiva. Ellos necesitan procesar racionalmente la información para luego poder llevarla a la acción, y esa es la combinación perfecta de lo femenino y lo masculino.

Pongamos un ejemplo: imagina que eres una mujer y mantienes una relación con un hombre con el que vives. Supongamos que él llega a casa con todos los problemas de su trabajo y de mal humor. Tú, que tampoco has tenido un buen día con los niños, en la casa o con tu propio trabajo, entras en la misma dinámica que él, haciendo que la energía masculina se vuelva predominante en el ambiente.

En este caso, tu parte masculina estará entrando en contraste con la de él, no está ocurriendo una unión sino una rivalidad.

En este sentido, te invito a conectar con tu paciencia y calma, y a contener tus emociones, en lugar de permitir que tu energía masculina entre en una lucha desbocada con la de él. Recuerda tu esencia, tu energía femenina y la hermosa sinergia que puedes lograr con tu pareja, es como la danza de la que te hablaba anteriormente.

Practica lo siguiente: desde la esencia de amor divino que eres, recíbelo con cariño, escúchalo, interésate por lo que le ocurre y nútrelo. No hablo de nutrirlo con comida (aunque eso también es perfecto), hablo de una nutrición a nivel espiritual. Si lo haces desde tu sagrado femenino, puedes lograr sanarlo y transformar toda esa negatividad y frustración con la que llegó a casa. Todo esto con el objetivo de ayudarle a potenciarse, recuperar su valentía, su fuerza y su energía masculina. Como resultado, le estarás ayudando a convertirse en un ser humano fortalecido, en equilibrio y con confianza.

En las relaciones habrá momentos en los que te encontrarás en la otra parte y te permitirás ser nutrida. Ya que todos somos luz y sombra, energía femenina y masculina. Y lo importante aquí es siempre encontrar el equilibrio.

Amplía esta información con el video "¿Qué es la energía femenina?" código QR al final de esta parte II.

2. Sanación como poder personal

Cuando somos capaces de conectar con nuestro sagrado femenino, y reconocer las grandes cualidades que existen en cada uno de nosotros, accedemos a la capacidad de sanar física, emocional, mental y espiritualmente, ya que estamos en conexión con la divinidad misma.

Cuando estás conectada con tu intuición y tu sagrado femenino, pueden ocurrir situaciones que seguramente reconocerás en mi explicación, por ejemplo, puede llegar tu hijo y aún sin mencionar ni una sola palabra sabrás cómo se siente emocionalmente. En los casos en donde te encuentras conectada con tu poder, tendrás las palabras exactas o podrás llevar a cabo las acciones necesarias para hacerlo sentir bien y sanar la herida que lo está perjudicando.

O puedes tener un problema en tu trabajo y, de pronto, saber cuál es la solución, incluso si a primera vista no parece la solución más lógica.

La gran mayoría de las mujeres sabemos exactamente qué es lo que necesita nuestra pareja, nuestros padres o cada uno de nuestros hijos en el momento preciso. Y para que esto sea así es imprescindible que exista el autocuidado o amor propio, ya que sin cuidarnos a nosotros mismas se dificultará la tarea de ejercer nuestro poder sanador.

Eres tú propia medicina

Y en este caso, quiero rescatar el ejemplo de mi propia vida, el mismo que te mencionaba al principio del libro, cuando la doctora me pidió que tomara las pastillas para perder a mi bebé.

En aquel momento elegí creer que, junto a mis arcángeles, tendría la fuerza para concentrar mi atención y mi fe en la posibilidad de librarme del efecto de las pastillas que me conducirían a la expulsión del feto, bajo el supuesto de que estas no fuesen convenientes para mí y para el bebé quien aparentemente ya se encontraba sin vida.

Como ya sabes, en cada toma, pedía a los arcángeles que, si las pastillas no eran para mí, no hiciesen efecto alguno ni en mi cuerpo, ni en el de mi bebé y, de alguna manera, el feliz desenlace de esta historia fue una consecuencia de mi poder sanador, a pesar de la tristeza y el miedo que inevitablemente me invadían por momentos.

Elegí creer que ese poder se fortalecía al estar en conexión con los seres de luz que me acompañaron durante el proceso. Desde el amor, cada día elegía convencerme que lo que yo podía lograr era mucho más fuerte que el efecto de aquellas pastillas, aunque racionalmente esto no tuviese ningún sentido para nadie, tenía sentido para mí.

Pero este no es el único ejemplo que tengo, ya que en el 2017 fui diagnosticada con cáncer en el cuello del útero y esto también ha sido un ejemplo del poder sanador con el que contamos las mujeres.

Tenemos el poder de sanar

En el momento que recibí la noticia de mi enfermedad, mi doctor puso la situación bastante fatalista, anunciándome que debía operarme de urgencia el mismo fin de semana de la semana en la que había sido diagnosticada.

Para aquel momento trabajaba como gerente administrativo en una trasnacional que fabricaba dulces. Era madre soltera, por lo cual no podía operarme así de repente sin ninguna programación previa.

Por otra parte, mi doctor de confianza vivía en una ciudad diferente a la que yo me encontraba, mientras yo estaba en Guadalajara, mi ginecólogo vivía en Sinaloa, México, y yo deseaba tener su opinión también, es decir, el diagnóstico de alguien que me conociera mejor y en quien confiara más.

Así que pedí vacaciones e intenté que la cita con mi médico de costumbre tuviese lugar durante mi período vacacional, considerando también que si llegaba a operarme el período de recuperación estuviese incluido en el tiempo que estaría de vacaciones.

El diagnóstico se me anunció el día de San Valentín, y durante la semana siguiente entré en un profundo estado de tristeza pensando que mi vida podría haber llegado a su final, al punto de que hice cartas a mis hijos para que las pudiesen leer en el futuro, en los momentos más icónicos de sus vidas.

A mi hija le hice una carta para que la leyera cuando cumpliese quince años, y a los dos les hice otras para leer cuando se casaran y se graduaran. Si ya no iba a estar físicamente en esos momentos podría estar con ellos espiritualmente, a través de mis cartas.

Sin embargo, luego de una semana en esta situación, me detuve a recapacitar y reflexionar con respecto a todo lo que estaba ocurriendo.

Recordé que soy luz, amor, vida y sanación, entonces comencé a dormir todas las noches formando un triángulo con mis manos sobre mi vientre y pidiendo al espíritu santo y al arcángel Rafael que con su luz verde me sanara, confiando sin dejar lugar a la duda, solo sentía que mi salud era perfecta.

Durante unas semanas hice ese pequeño ritual antes de dormir, fue el mismo tiempo que tuve que esperar para que mi ginecólogo de confianza pudiese atenderme y así obtener el segundo diagnóstico que deseaba tener.

Resumiré esta historia diciéndote que cuando llegué allí, y finalmente pudo hacerme los exámenes de rutina, me aseguró que no había nada por lo cual debiese preocuparme, y que todo estaba bien en mi útero.

Lo que fuese que había estado afectándome se había ido, no había ningún rastro de nada de lo que el doctor original me había diagnosticado en Guadalajara. Mi cuerpo estaba totalmente limpio de toda dolencia o afección.

Es probable que estés pensando que el primer doctor se equivocó, y está bien si eliges pensar eso, pero también está la opción de pensar que, gracias a nuestro poder sanador, en conexión con la divinidad, podemos regenerar todo aquello que se deteriora. En todo caso, gracias a seguir mi intuición, no me operé ese fin de semana guiada por diagnóstico erróneo, esperé a hablar con mi doctor y todo se solucionó.

La opción de darle todo nuestro poder a las palabras de los médicos, sin cuestionarlas ni un momento no es necesariamente la mejor. Ellos solo tienen poder sobre lo que ven, y hacen lo mejor que pueden y con lo que tienen, sin embargo, hay algo que nosotros podemos hacer, y ellos no, transformar nuestra biología a través del manejo de nuestra energía.

Amplía esta información con el video "Sana y conecta con la energía femenina" código QR al final de esta parte II.

Eres reeditable

Si tal vez tienes dudas con respecto a esta pequeña historia que te acabo de contar, te contaré otra mucho más contundente, la de una amiga que también llegó a padecer de cáncer de cuello uterino.

Su nombre es Bea y en su caso, a diferencia del mío, ella sí creyó a los médicos cada una de las palabras que le dijeron cuando le explicaron la gravedad de su enfermedad, así que comenzó los tratamientos convencionales.

Durante dos años, asistió quincenalmente al hospital deseando y esperando que en una de aquellas visitas ocurriera el milagro con el que tanto soñaba, que se le anunciase que su enfermedad había desaparecido, pero esto no ocurría.

Luego de todo este tiempo a la espera de aquel milagro, Bea empezó a sospechar que tal vez la cura no tenía que llegar del exterior, sino del interior.

Posiblemente era la hora de quitarle el poder a aquellos médicos quienes agotando todos sus recursos intentaban ayudarla sin éxito y, con esta sospecha en mente comenzó a investigar la manera de sanar.

En su búsqueda se encontró "casualmente" con un video de una mujer que también había padecido de cáncer y que se había curado en tres meses, aproximadamente, y sin la ayuda de ningún tratamiento médico. Lo que había sanado a aquella desconocida había sido su poder interior, su intención, el manejo de su energía y sus pensamientos.

Después de dos años luchando con esta enfermedad, Bea supo que había que dejar de luchar y, en contraposición a eso, aprender a conectar con su poder interior, así que durante tres meses llevó a cabo una serie de acciones que eventualmente le llevarían a recuperar su salud.

Años después, todo este proceso fue documentado con detalle en un libro, best seller, al que llamaría "Eres Reeditable", en él, la autora Bea García Ares, explica acerca de nuestro poder interior para sanar.

Habla de cómo aquella búsqueda interior la condujo a la sanación a través del manejo de su energía, visualizándose sana a tal punto de creérselo por completo, y aunque no lo creas, una de sus principales herramientas para obtener este logro, fue tan simple como un pequeño papel amarillo pegado en una puerta.

En otras palabras, ella había recuperado algo que ni siquiera sabía que había perdido, la coherencia y el poder sobre su cuerpo y su energía. Había reconectado con su sagrado femenino.

A los 3 meses cuando volvió al médico para su revisión, se encontró con que estaba curada.

Al igual que en mi caso, no había ni el más mínimo rastro de la enfermedad, ni tampoco de los tratamientos a los que había sido sometida durante dos años. Tiempo después, pudo convertirse en madre de dos niños, lo cual confirmó que su útero estaba en perfectas condiciones.

Salud energética

Los principios no fallan, nuestra confianza en los procesos es lo que se quebranta.

Cuando estamos en equilibrio podemos sanarnos, y la compañía de los médicos y la medicina moderna en nuestros procesos de sanación es maravillosa, así como también de gran ayuda, pero a veces se equivocan cuando dicen que no hay más nada que hacer, ya que la mayoría de las veces no es verdad. No es que nos estén engañando, solo que ellos no saben que hay opciones, ya que desde su posición esas opciones han quedado agotadas.

La solución es confiar en tu poder intuitivo femenino, eso te sacará de donde no quieres estar.

Sanamos de muchas maneras, cuando sonreímos, cuando nos cuidamos, cuando dormimos la cantidad de horas suficientes sin estar simplemente acostadas en cama viendo el teléfono móvil por horas o alimentándonos de noticias tóxicas, publicidad y comentarios que nos llevan a desperdiciar nuestra energía y nuestra vida en general.

Para mantenernos sanos, no solo debemos cuidar nuestra salud física, sino nuestra salud energética también.

La salud física se puede cuidar con una buena alimentación, vitaminas, ejercicio, etc., pero nada de eso servirá de mucho si no cuidas tu salud energética, mental o emocional, esta es mucho más importante porque impacta constantemente en tu salud física.

No expongas tu salud energética permaneciendo en lugares donde se comprometa y se comprima, es decir, en lugares en donde sientes que no debes de estar, retírate de allí.

Aléjate de situaciones incómodas, escucha tu cuerpo, no te pongas en riesgo, solo así podrás mantener tu energía conectada con la divinidad, solo así podrás ser tu propia sanadora.

3. El gozo y el equilibrio en todas las áreas de la vida

Aprendemos a tener conexión con nuestro sagrado femenino cuando escuchamos a nuestra alma y también a nuestro cuerpo, teniendo en cuenta que nuestro cuerpo es el que cubre a nuestra alma, por lo tanto, es el canal de comunicación, y por eso debe estar en excelentes condiciones manteniéndose expandido y gozando de nuestra existencia, no contraído y densificando la energía que nos rodea.

Cuando no te sientas bien en un lugar, vete de ahí, es tu sagrado femenino, tu intuición, avisándote lo que debes hacer, dándote guía e instrucciones. Así mismo, enfócate en mantener el gozo y el equilibrio en todas las áreas de tu vida, solo así podrás mantener esa voz de guía hablando siempre en alto.

Para que esto ocurra debes mantenerte en paz contigo misma, agradeciendo y manteniendo en movimiento la rueda de la vida.

Pero, ¿cómo se logra esto?

En primer lugar, es importante que identifiques las áreas de tu vida que tienen mayor valor, por ejemplo, en mi caso lo que más tiene valor para mí es mi familia, mi profesión, mi cuerpo energético, mi espiritualidad y ayudar a los demás.

Partiendo de lograr esa identificación de aquello que valoras, como lo estoy haciendo en mi caso al elegir estas 5 áreas, comienza a analizarlas y definir metas en cada una de ellas.

Por ejemplo, digamos que a nivel familiar tu meta es fortalecer la unión, teniendo más comidas juntos, más comunicación, actividades en familia, etc.

De pronto a nivel profesional, deseas realizar algún curso o taller, aprender algo nuevo o simplemente escalar y hacer carrera en una empresa específica.

No es lo mismo expresar que deseas estar bien en todas las áreas importantes para tu vida, que definir lo que quieres lograr específicamente en cada una de ellas, aclararte en este sentido te impulsará a conseguir un equilibrio entre todas, de hecho, sería un error dedicar todo tu tiempo, por ejemplo, al área espiritual y olvidarte de tu cuerpo, tu energía, tu casa, tu familia o tu profesión, aunque aquí es importante destacar que dentro del área espiritual entra todo lo que somos, incluidas esas áreas.

Para conseguir equilibrio atiende equilibradamente todas las áreas que tienen valor para ti, todas aquellas que te hacen sentir en expansión, esta es una de las muchas maneras que puedes llegar a reconocer tu esencia e ir encontrando lo que quieres en la medida que vas evolucionando y tus prioridades van cambiando.

Por ejemplo, si tienes un bebé pequeño, como es mi caso para el momento en el que escribo este libro, tal vez sientas que deberías dedicar más tiempo al área familiar, a atender a tu bebé y no a otras áreas donde antes invertías más tiempo. De hecho, inevitablemente, cuando este bebé comience a crecer y vaya a la escuela, retomarás parte de ese tiempo y lo invertirás en otras áreas.

Cuando eso ocurra, deberás preguntarte en quién quieres convertirte bajo esas nuevas condiciones donde ya no serás la mamá de un bebé, sino la madre de un niño que pasa parte del día fuera de casa, la de un adolescente o la de un adulto, en ese momento evaluarás sobre cuáles valores repartirás ese nuevo tiempo, y a dónde te conducirá eso.

Cuando no hacemos este ejercicio, caemos en el riesgo de desperdiciar nuestra energía vital y nuestro tiempo en lo que no es importante, y esto traerá varias posibles consecuencias.

En primer lugar, estaremos dando nuestro tiempo y energía a las prioridades y áreas de valor para otros, en segundo, nos estaremos desconectando de nuestra esencia.

En este caso es muy importante que te preguntes quién estás eligiendo ser y a quién complacen tus acciones. ¿Te complacen a ti?, ¿complacen al entorno o a una persona específica? En este sentido, es importante que te asegures de que no estás intentando agradar a nadie.

Dicho de otra manera, te invito a preguntarte por un momento cómo serías tú si realmente fueses quien quieres ser, sin la necesidad de agradar a nadie, ¿cómo sería tu vida en una circunstancia como esa?

Y, tal vez estés pensando que ya eres como quieres ser, porque todos caemos en esa trampa en algún momento de nuestras vidas. En este caso te invito a preguntártelo de nuevo, analizando lo que siente tu cuerpo cuando te respondes.

Si percibes una agradable y profunda sensación de expansión, es probable que ya estés siendo la persona que deseas ser, sin embargo, este no es el denominador común en la población mundial, lo común es que las personas sientan compresión al hacerse esta pregunta, si ese fuese tu caso, no te preocupes, hay solución.

Mira hacia dentro y reconócete en tu esencia, asegúrate que estás siendo la mejor persona que puedes ser hasta este momento con las herramientas y vivencias que tienes por ahora, asegúrate de sentirte viviendo en coherencia, siendo libre de ser la persona que elijas, sin importar en qué punto de tu vida estes, edad, o qué condición tengas en este momento.

Un bebe, ó un niño no debe sentirse mal porque es un niño todavía, solo debe vivir su infancia desde su propia esencia, un adolescente no debe sentirse mal porque es un adolescente, solo debe vivir la adolescencia en su más pura esencia.

Para cada uno de nosotros aplica exactamente lo mismo, no importa en qué etapa de nuestra vida nos encontremos ahora, no se trata de obsesionarnos con querer ser cada vez mejores sin estar nunca conformes con lo que somos ahora, se trata de vivir cada etapa en coherencia siendo la mejor versión posible en este momento presente, con las herramientas que tenemos en cada fase y siendo simplemente lo que somos en esencia. Eso solo es posible cuando permanecemos conectados con nuestra intuición.

Aprende a vivir en paz y equilibrio contigo mismo, o contigo misma, a reconocer quién eres realmente.

4. Ternura, Confianza y Gratitud

Uno de los dones del sagrado femenino, es la ternura y, tal como dije antes, nutrir con ternura es una de las cualidades del sagrado femenino, algo que solo hace la mujer.

Pero ¿cómo podemos nutrir a alguien si nosotros mismas no estamos nutridas?, o ¿cómo podemos ayudar a alguien si no nos ayudamos a nosotras mismas, o nosotros mismos?, es por esto que tiene tanta importancia el autocuidado, un tema que ya abordamos antes.

La pregunta ahora, es ¿cómo podemos convertir ese autocuidado en ternura? Pues nutriendo y escuchando a quienes nos rodean. Esto es algo que solo puedes lograr cuando el sagrado femenino reina en ti.

Es algo que se ve en la luz de tus ojos, en consecuencia, se ve en la luz de tu alma.

Por ejemplo, cuando alguien se acerca a ti siendo vulnerable, y tú eliges actuar desde la ternura, entonces podrás abrazar esa vulnerabilidad, a la vez también podrás mostrarte de manera vulnerable ante esta persona. Estas situaciones son la celebración de una expresión auténtica del ser, porque donde está tu vulnerabilidad, está la clave para identificar tu misión aquí en esta vida.

Donde hay vulnerabilidad hay algo que trabajar y superar, algo que aprender y evolucionar.

La vulnerabilidad, está relacionada con el salto cuántico que venimos a dar aquí a este planeta, pero justamente por sentirnos indefensos, rechazamos esos cambios y eso es lo que nos estanca en nuestros procesos de crecimiento, desarrollo y expansión.

Para evitar ese rechazo al miedo de exponerte y a la incomodidad que algunos sienten con respecto a que otros expongan su parte más sensible, te invito a que abraces esa vulnerabilidad con ternura, que apoyes a todos aquellos que se acercan a ti mostrándose abiertos con sus emociones y sentimientos a flor de piel.

Hazlo desde la comprensión que solo una mirada amable y llena de compasión puede representar, una como la que muestran nuestros ídolos, o modelos a seguir, por ejemplo, para mí serían la Madre Teresa de Calcuta, la Virgen María, o Jesucristo, ¿cuáles son los tuyos? Mira las obras e imágenes en donde son representados, ellos son buenos ejemplos de una mirada tierna capaz de irradiar luz.

Amplía esta información con el video "Tips y consejos para despertar tu energía femenina" código QR al final de esta parte II.

Esparce tu luz

Cuando hablo de ternura, no me refiero a que seas así solo con la gente cercana a ti, me refiero a una expresión que abarque todas las experiencias y personas de tu día a día, sin importar cuánto las conoces.

Desde que comencé mi emprendimiento en Sada Mujer, diariamente tengo que hablar con unas veinte personas de las cuales aproximadamente diecinueve no conozco físicamente, aun así, mi alma las abraza, ama y adora como si nos conociéramos de toda la vida.

En los momentos cuando me relaciono con ellas, la ternura se complementa con la confianza y también con el agradecimiento, así como también con la alta vibración pues siento y expreso mucha gratitud hacia todas ellas y, como ya sabemos, la palabra "gracias" es una de las palabras con mayor frecuencia vibratoria aquí en la tierra.

Agradece todo

La gratitud es un acto sagrado de reconocimiento y aprecio con la conexión hacia la energía universal, la madre tierra, el ciclo de la vida, la creación y el amor más puro.

Empieza por agradecer cada pequeña cosa que ocurre en tu vida y agradece también todo aquello que das por sentado que te corresponde, por ejemplo, que naciste mujer o que naciste hombre, tu energía femenina, tus ciclos.

Puede que, a veces, no sientas las ganas de agradecer por tu cuerpo, por tu trabajo, por despertar un nuevo día, por la difícil situación que estás viviendo ahora sea cual sea y suponiendo que fuese el caso, aun así, te invito a que des GRACIAS por todo lo que te ocurre, a que pienses en el mejor escenario posible y lo finjas hasta que te lo creas y se manifieste.

Por ejemplo, en el caso de mi amiga Bea, ella agradeció tanto su salud a pesar de que estaba enferma, que terminó sanándose. En mi caso agradecí tanto la vida de mi bebé que su vida continuó junto a la mía.

Créetelo, practícalo, insiste en agradecer y verás como cambios positivos comienzan a ocurrir en tu vida.

Confía en la vida

De la mano de la ternura y la gratitud, lleva siempre la confianza contigo. En esta vida hay cosas que nos corresponde vivir, y otras que no nos corresponde, así que no pierdas tiempo y energía preocupándote por cosas que nunca pasaron y no pasarán.

Por mis experiencias de vida tengo la convicción absoluta de que siempre estamos rodeados de ángeles que nos cubren y protegen haciéndonos prácticamente invisibles cuando nos encontramos en situaciones de peligro, o situaciones que nos pueden apartar de la posibilidad de cumplir nuestro ciclo completo aquí en la tierra, es decir, el ciclo que necesitamos para terminar lo que sea que vinimos a hacer durante el mucho o poco tiempo que vivamos aquí. Simplemente confía en la vida y en que tu ciclo se cumplirá inevitablemente.

Piedras en el camino

En una oportunidad me encontraba llevando a mis hijos a casa cuando de pronto escuché un fuerte ruido en las ruedas de mi automóvil. Pensé que eran piedras, pero al ver que el ruido era tan fuerte, sospeché que a lo mejor eran los birlos o tuercas de las llantas que se habían soltado, o algo por el estilo. Por alguna razón no me detuve a mirar lo que ocurría y simplemente continué hasta llegar a casa.

Ya estando en casa me llamó el padre de mis hijos y me preguntó si estábamos bien, luego me dijo que tuviésemos cuidado que, al parecer, había una persecución con tiroteos por la zona en donde vivíamos.

Le dije que no se preocupara, que todo estaba bien, luego me despedí explicándole que tenía que salir urgentemente para llegar a tiempo a las clases de mi maestría.

Cuando iba de camino a la clase vi un automóvil, uno que justamente había visto minutos atrás cuando me dirigía a dejar a mis hijos en casa, ahora estaba detenido a media calle, con marcas de disparos y con dos hombres muertos en su interior. Esta escena estaba a unos cuantos kilómetros de donde escuché el ruido yendo a casa y, aunque en el momento no encontré ninguna relación aparente con dicho ruido, la había.

Esa relación la descubrí al llegar a la escuela cuando me bajé a revisar las ruedas del automóvil con detenimiento, fue cuando me di cuenta que no habían sido piedras ni tuercas lo que había impactado contra mi automóvil, habían sido balas del mismo tiroteo al que el padre de mis hijos había hecho referencia.

En ese momento simplemente me detuve a agradecer con la convicción de que los ángeles van rodeándome como si fuesen delfines nadando siempre a mi lado.

Amplía esta información con el video "Gratitud Alanon" código QR al final de esta parte II.

Mujeres de luz

Hablando de esta historia con una amiga, me encontré con que a ella le había ocurrido algo similar.

Se encontraba en un autobús cuando, de pronto dos delincuentes intentaron darse a la fuga subiendo a dicho autobús y amenazando al chofer con dispararle si no los ayudaba a librarse de la captura de la policía.

El chofer se negaba a cooperar y a pesar de que comenzó a conducir, lo hacía despacio para dar ventaja a la policía y que de esta manera capturara a los delincuentes.

En una desafortunada maniobra de querer lograr este objetivo, se desvió de la vía principal, para entrar a la ciudad y culpar al tráfico de que tenía que detenerse, suponemos que en su mente era el plan perfecto para favorecer a la policía en la captura.

Sin embargo, había algo con lo cual el chofer no contaba, la policía comenzó a disparar indiscriminadamente al autobús donde se encontraban los delincuentes, ellos saltaron del vehículo y al salir por la puerta fueron derribados con un impacto de bala, pero la cosa no paró ahí, aún luego de matar a los ladrones, la policía siguió persiguiendo al autobús y disparando hacia él indiscriminadamente.

Al menos una de las pasajeras salió herida, mi amiga viendo esta situación valoró que la mejor opción era saltar del autobús, aunque corriese el riesgo de romperse un hueso, eso sería mejor que ser herida por un arma de fuego; también sabía que corría el riesgo de ser alcanzada por una bala si saltaba por la puerta del autobús, sin embargo, se decidió a saltar.

En medio del tiroteo, con un escenario lleno de coches encendidos que habían sido abandonados por sus dueños en el tráfico, dos mujeres mayores se acercaron a mi amiga, como si las balas no pudiesen atravesarlas, o al menos como si no les tuviesen miedo.

La ayudaron a levantarse del suelo, la subieron a un taxi y le dieron instrucciones al taxista para que la llevara a donde ella dijese. Cuando mi amiga volvió la mirada, desde el interior del taxi para darle las gracias por ayudarla, la calle estaba completamente vacía, las mujeres se habían esfumado.

5. Sensibilidad, compasión y paciencia

Al conectarnos con el sagrado femenino nos damos el permiso de ser sensibles y receptivos con respecto a los mensajes que nos está mandando nuestro cuerpo. Es entonces cuando se revela esa virtud que abre puertas inmensas a lo que viene siendo la compasión y la paciencia.

Esta sensibilidad no tiene absolutamente nada que ver con ser frágil o débil, por el contrario, tiene que ver con una fortaleza que nos permite conectar profundamente con las emociones propias y ajenas.

La compasión emana de la comprensión y teje lazos de empatía, mientras que la paciencia es como un río abundante que emana de la esencia femenina permitiendo el crecimiento y la transformación con la gracia del tiempo.

En este caso te invito a preguntarte y reflexionar acerca de la idea de por qué solo la mujer puede embarazarse y tener a un bebé durante nueve meses dentro de sí.

Buena parte de esto es gracias al don de la paciencia, solo las mujeres poseemos la compasión y sensibilidad para mantener un ser vivo dentro de nuestro cuerpo durante todo este tiempo, incluso muchas veces teniendo que pasarlo en una cama, como fue mi caso durante el último embarazo, en donde solo miraba el techo, pues no era capaz de hacer algo más; como por ejemplo utilizar el teléfono o la televisión, no era capaz de prestar atención a otras cosas, solo a mí y mi bebé.

Cosechar virtudes como la sensibilidad, compasión y paciencia fortalecerá la conexión con tu poder interior y elevará la energía de tu entorno ayudando a otros a conseguir su propio poder.

Amplía esta información con el video "Formas para identificar que somos más energía masculina que femenina" código QR al final de esta parte II.

6. Amor, ciclicidad y nutrición

Tal como ya lo he abordado en segmentos anteriores, es importante tomar consciencia de que algo que nos representa a las mujeres son los ciclos.

Podemos verlo cuando nos llega el período, cuando estamos embarazadas, cuando llega la menopausia.

Somos una conexión profunda con la naturaleza y en ese amor, ciclicidad y nutrición. Somos la representación de las cuatro etapas de las estaciones del año primavera, verano, otoño e invierno.

Si pones atención a esta idea, notarás cómo en tu propia vida tienes ciclos que se asemejan a los de la naturaleza, verás cómo en nuestro ser se evidencia la profunda conexión que mantenemos con la madre tierra, somos como ella.

Nutrimos a nuestros hijos, esposos y familia como la madre tierra nos nutrió a nosotros, a través de la persona que nos trajo al mundo mientras vivíamos en su vientre y mientras ella se alimentaba de todo lo que venía de la tierra. Amemos y agradezcamos todas nuestras ciclicidades, nuestros días del período, nuestros embarazos, etc.

Solo amando cada parte de ti puedes amar a otros.

Cuando nos amamos empezamos a expresar amor a todo el mundo, desde una persona hasta una planta, un pájaro o una ardilla que pasa por el parque, comenzamos a sentir gratitud, amor y conexión hacia todas las cosas que nos rodean, incluso comenzamos a sentir que todo lo que amamos nos multiplica el amor, que nunca se acaba y que es infinito.

Expresa tu amor y no te sientas cohibida de hacerlo de la manera que mejor se te dé, incluso si esto significa conversar con una planta o un pájaro dándole las gracias porque llegó y cantó a tu lado.

En mi caso, si algún pájaro se me acerca, suelo preguntarle quién es, y si me viene a la mente alguno de los seres queridos que ya no están a mi lado, le pregunto qué mensaje tiene para mí, y así me mantengo un rato hablándole, lo disfruto mucho.

Recuerda que todo lo que haces emite una frecuencia, y no se trata de si el pájaro entiende tus palabras, tampoco se trata de lo que otros piensen cuando te vean hablando con él, se trata de la frecuencia que mandas al universo, una frecuencia transformadora.

Existen estudios que demuestran cómo los índices delictivos de una ciudad pueden disminuir cuando un grupo de personas eleva su frecuencia.

Imagina lo que podríamos hacer por el mundo si todos hiciésemos eso, pero antes de pensar en esa idea, imagina lo que puedes hacer por tu propia vida y la de tus seres queridos, porque tu responsabilidad no es cambiar el mundo, tu responsabilidad es trabajar en tu mejor versión, aprender a manejar tu propia energía y frecuencia vibratoria.

Eso puedes lograrlo con pequeñas acciones diarias como estar en contacto con la naturaleza, meditar y todas las que hemos venido mencionando y desarrollando a lo largo del libro.

7. Intuición, empatía y creatividad: guías en el camino

Cuando estás conectada con tu intuición y con todos los dones que envuelve tu sagrado femenino, comienzas a darte cuenta que todo te habla, todo empieza a mostrarte mensajes y señales.

Para que eso suceda, es importante la empatía con todo aquello que te rodea, con la energía que percibes y también con tus emociones.

Cuando estamos autorrealizados, estamos expandidos, y esto nos ayuda a vibrar en energía alta y en bienestar. De esta forma, no nos enfermamos, fluimos y ayudamos a quienes están a nuestro alrededor a que se sintonicen con nuestra frecuencia y eleven su bienestar.

Esta empatía te va ayudar a ser más creativa, a encontrar soluciones de manera rápida y sencilla, a fluir y a tener ideas impresionantes. Con frecuencia, hablo con amigos, clientes y familiares, durante estas conversaciones se me ocurren ideas que le ayudan a mejorar su calidad de vida como, por ejemplo, una idea de negocio.

A veces, la gente me pregunta por qué no uso esas ideas tan maravillosas para mí, la verdad es que sé que esas ideas no son para mí, son para la persona con la cual estoy hablando. Ya que son las fortalezas y dones que se me permiten ver en ella, y no las mías, las que serán capaces de sacar adelante esa idea que surgió durante la conversación.

Todo eso puedo verlo y llega a mí, gracias al desarrollo de mi intuición y conexión, esto no es para usar únicamente en beneficio propio, sirve también para potenciar el entorno, para inspirar, crear y guiar, sin empujar y sin presionar, porque parte de la responsabilidad de cada persona que desarrolla su intuición es respetar el proceso evolutivo de cada uno de los seres que le rodea.

Algo que está muy claro para mí, puede no verse tan claro para la persona con la cual estoy hablando, en ese caso solo me toca entregar mi mensaje con amor y confiar.

Cuando las personas que nos rodean no quieren avanzar en la dirección o velocidad que le sugerimos, en ese momento es importante hacer una pausa y respetar, el objetivo es iluminar el camino, no empujar a nadie a que lo transite, ellos tendrán nuevas oportunidades para reconectar con esa señal que está intentando llegarles, ya que cuando no prestamos atención a los mensajes que la vida nos manda, entonces vienen con más fuerza pudiendo llegar a "golpearnos" fuertemente, y por eso es tan importante estar conectado, pero respetando los procesos de otros.

Amplía esta información con el video "Servir a otros desde mis dones, descubre quién eres para servir, compartir, crecer" código QR al final de esta parte II.

Nunca dejes de escuchar a tu intuición

Cuando estaba embarazada de mi bebé, quien nacería a mediados de junio, recuerdo estar acostada en cama durante el mes de febrero pensando que tendría que dejar de grabar para mi trabajo durante varios meses; ya que cuando él naciera, evidentemente, tendría que atenderlo.

Mientras pensaba en esto llegaron tres mensajes juntos a mi teléfono, y para mí el número tres representa al espíritu santo. No recuerdo exactamente de qué países provenían aquellos mensajes, pero recuerdo que eran personas agradeciéndome la manera como se habían transformado sus vidas gracias a los programas de Sada Mujer.

Recuerdo que uno de los mensajes se refería, específicamente, al tema de abuso sexual en menores de edad, y aquello me hizo entender algo, tenía que seguir con mi programa, no podía parar de transmitir, tenía que seguir haciéndolo tal cual como venía, de lunes a viernes a las 9 de la mañana.

No sabía cómo iba a hacerlo, pero sabía que aquello era una señal y también que, si ese era mi camino, recibiría ayuda divina para saber cómo sacar todo ese trabajo adelante con un bebé en casa, así que dije: "Yo soy tu instrumento, hago lo que tú me digas, simplemente te pido que me acompañes", y así fue.

Durante los meses de marzo y abril grabé tres programas diarios. Durante junio y julio dejé de grabar, pero transmitía los programas en vivo, incluso desde el hospital el día que Gabriel llegó al mundo. Solo hice caso a lo que dentro de mí me decía qué hacer y esto redundó en beneficios para otros, de eso se trata, de hacer tu mundo y el mundo de otros mejor de lo que es.

PARTE II
PROGRAMA SADA MUJER

APRENDE A
HONRAR TU
SAGRADO
FEMENINO

¿QUÉ ES LA
ENERGIA
FEMENINA?

SANA Y
RECONECTA
CON LA
ENERGÍA
FEMENINA

TIPS Y
CONSEJOS
PARA
DESPERTAR
TU ENERGÍA
FEMENINA

GRATITUD
ALANON

FORMAS
PARA
IDENTIFICAR
QUE SOMOS
MÁS ENERGIA
MASCULINA
QUE
FEMENINA

SERVIR A
OTROS DESDE
MIS DONES

PARTE III

CONEXIÓN DIVINA

Vínculo con lo Trascendental

Los caminos son inagotables

La conexión divina no es más que recordar que somos parte del creador y que en nuestro ADN tenemos una parte de él, o ella, no importa el nombre que le des o el género que le otorgues, tampoco importa tu religión o la manera como vivas la espiritualidad, lo único que importa es que nos creó y compartimos su esencia.

Algunas personas basan su conexión con la divinidad en la religión, en alguna deidad, en rituales, rezos, prácticas espirituales y muchas otras formas. Otras personas viven esa conexión a través de la espiritualidad y se basan en meditaciones, en la introspección y la búsqueda general del propósito aquí en la vida, es posible que en este grupo me encuentre yo ahora. Lo importante es que todas esas formas sirvan para fortalecer la fe y la conexión con ese creador.

Al igual que les ocurre a muchas otras personas, yo procuré fortalecer mi conexión con la divinidad a través de la religión y recuerdo una fase de mi vida en la que iba a misa todas las mañanas, esto ocurrió cuando estaba en la preparatoria.

Esta manera de relacionarme con el creador se ha ido modificando con los años, y eso está bien así, todos tenemos caminos diferentes para mantener y fortalecer esa relación con el paso del tiempo y todos son válidos mientras estén funcionando para cada uno de nosotros.

El misticismo es otra manera de relacionarnos con el creador, con experiencias trascendentales que van más allá de la comprensión, así como también la metafísica o la naturaleza, ya que contemplar la armonía de la creación es una manera de elevarnos.

Para otros, la práctica de valores éticos y morales es el camino definitivo hacia la conexión divina; me refiero, por ejemplo, a la búsqueda de la compasión, la bondad, y la justicia. También pertenecí a este grupo durante una gran parte de mi vida.

El arte y la creatividad son una forma de relacionarnos con la divinidad también, podemos ver grandes artistas, descubridores o inventores como, por ejemplo, Albert Einstein, Leonardo Da Vinci o Nikola Tesla, así como muchos otros, quienes evidentemente tienen esa conexión con la chispa divina concientizada.

Los caminos son inagotables, pero el mensaje es igual en todos los caminos: somos parte de algo más grande que nosotros mismos y puede que en tu caso uses muchos de estos caminos o uno solo. También es posible que puedas ir experimentando por etapas en cada uno de ellos, como ha sido mi caso. Todo eso es perfecto mientras así lo sientas, ten la convicción de que hay muchas maneras de ponerte en contacto con esa conexión trascendental.

Amplía esta información con el video "Conexión del corazón" código QR al final de esta parte III.

Explorando la conexión con lo divino

En este apartado me gustaría invitarte a reflexionar, con cuál de estas conexiones sientes más expandida tu alma, con cuál sientes más ligereza, elevación y resonancia.

Partamos de que hay una voluntad divina y también hay una voluntad humana.

La voluntad divina quiere algo para ti, pero tú con tu voluntad humana cuentas con la posibilidad de ejercer tu libre albedrío y hacer de tu vida lo que elijas cada instante de ella.

Este libre albedrío es el pasaporte a la libertad, a una vida donde no tiene cabida el poder decir cosas como "esto es lo que me tocó".

Somos nosotros quienes hacemos que nuestra vida ocurra de una manera o de otra, eligiendo lo que hacer con cada instante que se nos regala, y debemos hacernos responsables de ello.

Mi pregunta para ti es, ¿qué tan despierto, o despierta estás con relación a esta conexión divina? ¿Qué tan consciente estás de tu poder de elegir?

Para entender mejor cómo convive la voluntad humana con la voluntad divina, a pesar del libre albedrío que todo ser humano posee, te invito a recordar una de las historias que te conté anteriormente, cuando estaba embarazada y planificaba tomarme una especie de descanso durante los últimos meses de gestación; sin embargo, llegaron aquellos 3 mensajes a mi móvil recordándome lo mucho que mi programa de Sada Mujer había ayudado a otras personas, justo cuando estaba a punto de planificar mi descanso.

Mi voluntad humana era dejar de trabajar y mi libre albedrío me permitía hacer aquello si así lo hubiese elegido, sin embargo, aquellos mensajes que llegaron a mi teléfono mientras pensaba en todo esto, fueron para mí una señal clara de que esa no era la voluntad divina, y que yo tenía que seguir ayudando a las personas que siguen mi programa; así lo hice, por eso se transmitieron programas a diario, sin pausa.

Evidentemente, pude haber tomado acción solamente basada en mi voluntad humana, pero mi consciencia con respecto a la conexión que siento con la divinidad me recuerda que somos una unidad, y que si combino lo que yo quiero y lo que ella intenta decirme, todo se desarrollará con base en el bien común y no en el bien particular, porque por muy difícil que pueda resultar de creer o de entender, el bien particular capaz de excluir o disminuir al entorno, nunca será provechoso a largo plazo, con frecuencia ni siquiera a corto plazo.

Todo aquello que hagamos desde la voluntad humana y el libre albedrío buscando un bien propio únicamente, tarde o temprano dejará de dar resultados.

En este caso te invito a explorar cómo es tu conexión con lo divino, tal vez sea algo que escuchas, que sientes, o que percibes de alguna otra manera. Lo importante es que te abras a escuchar sus mensajes para que tu voluntad humana y la voluntad divina convivan en una eterna armonía capaz de redundar en bienestar para ti y tu entorno.

Amplía esta información con el video "Voluntad divina" código QR al final de esta parte III.

Superando obstáculos y creencias limitantes

Una de las trampas mentales más comunes y recurrentes en la humanidad, es tender a creer que todo lo que está fuera de nosotros, incluyendo nuestro cuerpo físico, es la realidad.

Con frecuencia nos dejamos engañar por lo que podemos ver, tocar y oler como si eso fuese lo único real, solo porque es tangible, audible o visual; cuando lo único real, constante e inmortal aquí es nuestra alma.

Desde mi punto de vista, aquello que reconocemos como obstáculos es lo que se encuentra exclusivamente en el exterior, dicho de otra manera, es todo aquello que queremos controlar, pero no podemos, y es normal que sea así porque lo único que realmente está bajo nuestro control es lo que existe dentro de nosotros, es decir, nuestros pensamientos, emociones y acciones, es por esto que resulta importante comprender que la parte real en ti, no es tu cuerpo, es tu alma.

Tal como lo dijo el famoso médico y psiquiatra Carl Gustav Jung "Quien mira hacia afuera sueña, quien mira hacia dentro despierta", así que, si realmente queremos vivir despiertos y en propósito, debemos buscar respuestas dentro de la verdadera realidad, y esa realidad está únicamente en nuestro interior, todo lo demás es solo una versión retocada de la realidad que cada uno de nosotros es capaz de crear desde su influencia como observador.

Esto podemos ilustrarlo con ejemplos muy básicos que la mayoría de nosotros podría reconocer, por ejemplo, cuando nos han dicho que no salgamos sin abrigo porque nos podemos resfriar, o no tomemos hielo porque nos vamos a enfermar, cuando en otras culturas esto funciona exactamente al revés. Tanto el que cree que se va a resfriar como el que cree que si no se abriga se fortalecerá ante el frío, tienen la razón, ambos son observadores modificando su realidad de manera constante.

Repito, por supuesto que te puedes enfermar si no llevas abrigo o si tomas hielo, sin embargo, debes tener en cuenta que esto simplemente ocurre porque te lo crees, y el cerebro necesita validar constantemente todo aquello que considera real, de lo contrario gastaría demasiada energía, y su función principal es ahorrar energía. En este caso, es más fácil buscar cualquier manera de validar sus creencias que descartarlas e instaurar unas nuevas.

Te pondré un ejemplo de cómo puedes aprender a confiar en la vida, indiferentemente de las creencias que tú y tu entorno alberguen con respecto a un tema.

Toda mi vida he mantenido mi teléfono móvil en modo avión al dormir, sin embargo, cuando uno de mis hijos se mudó a otra ciudad para poder estudiar en la universidad, mis creencias limitantes con respecto a la manera "adecuada" de ser madre vinieron a visitarme, en conjunto con las creencias de todo mi entorno.

De pronto todos opinaban que mi hijo estaba muy joven como para marcharse a vivir solo a otro país, así que todos mis miedos como madre se despertaron conduciéndome a pensar que de ahora en adelante mi teléfono móvil ya no podría continuar más en modo avión y que como madre tenía la responsabilidad de mantenerme atenta a las necesidades de mi hijo quien ahora viviría en un país distinto y huso horario diferente al mío, aun así, esto no es lo que de verdad quería hacer.

En ese momento, fui capaz de darme cuenta de la nueva realidad que estaba creando, una realidad donde a mi hijo le podría estar ocurriendo algo y yo como espectadora la estaba manipulando, es decir, estableciendo todos los protocolos para que así ocurriese, por ejemplo, quitando a mi teléfono el modo avión para poder saber cuándo pasaría una de esas cosas que no deseaba que pasaran.

Si bien es cierto que deseo ser la mejor madre posible y velar por los seres que amo hasta donde mi alcance me lo permita, también es cierto que creo firmemente en que somos creadores de nuestra realidad y que un poder superior o ser supremo está constantemente cuidando y protegiendo a mi hijo.

Su bienestar en otro país no depende de lo muy atenta que yo esté a mi teléfono móvil, depende de algo mucho más grande que yo.

Ese poder protege a mis hijos, allá en cualquier lugar en donde se encuentren, sin importar lo cerca o lejos, lo comunicados o incomunicados que estén conmigo diariamente. Evidentemente eso no me priva de mandarle protección extra y un montón de ángeles para que los cuiden constantemente.

Si, aun así, sucediese algo que no está creado en mi mente, es posible que no sea yo quien pueda darle "solución" a lo que sea que estuviese pasando en sus vidas, al menos no de manera inmediata, por razones como los tiempos de traslado, la disposición de pasajes aéreos, diferencias horarias, etc.

En este sentido, ¿cuál sería el beneficio de traer a mi mente algo que no quiero que ocurra?, la respuesta es: ninguno.

Algo similar me sucedía cuando mis hijos entraron en la fase de la adolescencia, específicamente cuando cumplieron los quince años y comenzaron a asistir a todas las fiestas propias de esa edad que se celebran en mi país. Entonces escuchaba a las otras madres hablando del horario máximo en el cual les permitían a sus chicos volver de una fiesta.

Con frecuencia, me sentía tan diferente a ellas que llegaba a dudar de la idea de compartir mis métodos de crianza y prefería no opinar pues, en mi caso, no le ponía hora de regresar a casa a mis hijos, todo dependía de la hora que me llamaban para que fuera a buscarlos. Si todo marchaba bien podía ir a recogerles de madrugada, si se aburrían, me llamaban antes para que los fuese a buscar.

Simplemente elegía confiar en que estarían protegidos haciendo lo que fuese que estuviesen haciendo allí en donde se encontrasen. Quería que viviesen esa edad en su máximo esplendor, sabía que era la única oportunidad que tenían de vivir los quince años, no quería limitarlos para que no deseasen tener aquello que se les prohibía y siendo yo la nueva creadora de creencias limitantes para ellos.

Su seguridad no dependía de la hora que yo designase como hora tope de vuelta a casa, hacer eso simplemente era responder a las creencias limitantes del entorno y crear una grieta dentro de un comportamiento que me hacía sentir en coherencia, todo esto siempre dejándole claro que las acciones traen consecuencias y que cada uno de nosotros debe ser responsable de esas consecuencias que hemos desencadenado.

En resumen, eliminar el "audio" del exterior, viene siendo lo mismo que eliminar creencias pues es de allí de donde viene la mayoría de ellas, de amigos, familiares, vecinos, televisión, redes sociales, sociedad en general, etc.

No dejes que tu alma se distraiga con el ruido que está fuera de ti, dale la oportunidad de que sienta aquello que le hace permanecer en coherencia y date el permiso de actuar en consecuencia.

Amplía esta información con los videos "Las 3 piedras en tu camino que alimentan tus creencias limitantes" y "Creencias limitantes y cómo modificarlas" códigos QR al final de esta parte III.

Herramientas para fortalecer la conexión espiritual

Las herramientas para fortalecer tu conexión con lo espiritual son muy amplias y sentirás mayor o menor inclinación a unas que otras, dependiendo de tu cultura, tus hábitos y tus creencias.

Meditación: La meditación es una de las mejores maneras de conectar cuerpo con espíritu y existen muchas maneras de meditar, por ejemplo, meditación guiada, con música, en silencio, con la respiración, en movimiento, etc.

Y tal vez estás pensando lo que muchos piensan, que no sabes poner tu mente en blanco. Como ya lo he expresado yo pensaba lo mismo, ¿cómo iba a poner mi mente en blanco?, gestionando empresas, pagos, dinero, una casa, siendo madre de varios hijos, etc., aun así, aprendí que podía meditar en momentos que eran parte de la cotidianidad, por ejemplo, mientras lavaba los platos después de comer, contemplando imágenes o simplemente observando la naturaleza.

En vez de dejarme envolver por un pensamiento o preocupación, lo dejaba ir y así comencé a hacer pequeñas meditaciones sin necesitar tiempo extra ni una concentración extraordinaria, poco a poco pasé de esos pocos minutos a meditaciones más largas y actualmente puedo meditar más de una hora al día, y eso funciona para mí.

La mejor manera de lograr eso es reconociendo que mi mente está antes que mi alma y que los pensamientos son parte de una realidad que yo misma creo desde mi ego, no son necesariamente la "verdad", por lo cual no tiene lógica anclarme en ellos, así como tampoco anclarme en el pasado o el futuro y eso me ayuda a hacer un reinicio diario a mi mente.

Amplía esta información con el video "Aprendiendo a meditar" código QR al final de esta parte III.

Oración: Otra manera de fortalecer tu conexión con lo divino es la oración. A través de la oración creas un entorno sagrado que propicia la energía que necesitas crear para extender esos vínculos con todo aquello que se encuentra más allá de tus ojos.

Cuando oramos siempre hay alguien escuchando, ninguna plegaria se queda perdida en el tiempo y el espacio, todas van hacia algún lado.

Ceremonias: Los rituales y ceremonias también son maneras de fortalecer tu vínculo espiritual, y aunque a veces estas palabras pueden sonar a algo prohibido, la verdad es que nada más lejos de eso pues todas las religiones del mundo y culturas tienen sus propias ceremonias y rituales como una manera de celebrar la conexión divina de una forma particular.

Los rituales, o ceremonias, puedes llevarlos a cabo en solitario o con un grupo de personas. Existen rituales del sagrado femenino, de purificación, de bailes con la luna, etc., lo importante es que te sientas coherente y en expansión cuando los hagas, dicho de otra manera, que tengan sentido y resuenen para ti, solo así podrás crear la energía necesaria para lograr la conexión deseada.

Estudios de textos sagrados: Durante una parte de mi vida utilicé esto como una manera creativa de conectar, siendo lo que mejor funcionaba para mí en aquel momento. Consumir información con filosofías relevantes puede ser inspirador y, sobre todo, muy clarificador para tu vida diaria, y todo lo que te ayude a elevar tu vibración es, sin duda alguna, una manera de conectar con la divinidad.

Contacto con la naturaleza: Un paseo por el bosque, la montaña o la playa, puede significar uno de los momentos más expansivos y clarificadores de tu vida, y si lo llevas a cabo como un hábito, vivirás una vida en expansión.

Escuchar el sonido de las hojas movidas por el viento, el murmullo de las olas, así como también contemplar los colores de la naturaleza y toda la abundancia que brota constantemente en ella es una conexión hacia la fuente.

Para conseguir esta conexión es importante entender que cuantos más sentidos involucres, más provechoso será el encuentro con la madre tierra.

Además de escuchar y observar, procura percibir los olores que te rodean, toca los árboles, las plantas, la arena, sumérgete en un río o en el mar. Cuanto más te sumerjas en ella, más ampliarás la posibilidad de que la naturaleza se convierta en una maravillosa herramienta de conexión.

Mueve tu cuerpo: Mantener el cuerpo en movimiento es otra manera de conectar con la espiritualidad, no me refiero a meterse en un gimnasio y hacer docenas de repeticiones, me refiero a movimientos funcionales, es decir, la unión con Dios a través de la acción, nuestra conexión divina, también conocida como el "Karma Yoga"

Este concepto se refiere a llevar a cabo acciones físicas desinteresadas soltando el resultado.

Se trata de usar tu cuerpo para ofrecer un servicio soltando la idea de que habrá un resultado en tu beneficio, por ejemplo, cuando lavas los platos siendo voluntario en un asilo de ancianos. En este caso debes centrar tu mente solo en lavar platos, sin esperar ninguna recompensa a cambio, debes hacerlo por el simple hecho de hacerlo, sin más, manteniendo allí tu atención plena.

Si lo miras bien, es como una manera de meditar, pero haciendo algo por el mundo que nos rodea, ya que el mundo necesita gente que haga cosas y, además, según las creencias ancestrales de la India, esta práctica es una manera de purificar nuestro karma, algo así como ir saldando nuestras propias cuentas kármicas con nosotros mismos.

Así mismo, para conectar con la divinidad usando los movimientos de tu cuerpo, también puedes recurrir a prácticas mucho más populares como, por ejemplo, las posturas del yoga, lo importante es que te sientas siempre en armonía con lo que haces, moviendo tu cuerpo y soltando el resultado.

Amplía esta información con los videos "La importancia del movimiento para la salud" y "Karma Yoga" códigos QR al final de esta parte III.

Visualización creativa: Es una técnica que consiste en crear imágenes mentales vívidamente. Generalmente se usa para acelerar los procesos de manifestación y, en consecuencia, funcionan como una manera de conectar con la divinidad.

Para practicar esta técnica es muy importante que te des la libertad y el permiso de soñar cosas bonitas capaces de elevar tu vibración. Cuando tu frecuencia vibratoria está alta, la conexión con lo divino es inminente, conectas incluso sin saber que estás conectando.

En este caso, es importante que coloques un objetivo y busques un entorno donde puedas relajarte y pensar acerca de ello, respirando de manera profunda y consciente, comienza a pensar en situaciones detalladas que tengan relación con ese objetivo, procura visualizar cómo se siente el estar allí, qué se escucha, cómo huele, qué tipo de temperatura hay.

Luego, permítete sentir la alegría como consecuencia de las emociones positivas asociadas a esa situación, como si estuvieses allí físicamente. Esta técnica, al igual que todas las demás que te he venido mencionando, funcionará mucho mejor si la practicas a diario, es una herramienta muy poderosa que, no solo te mantiene en conexión con el todo, sino que también te ayuda a alcanzar tus metas transformando tu realidad.

Mindfulness o Atención plena: es una práctica que consiste en poner tu atención intencionadamente en el momento presente, sin juicios ni reacciones, llevándote a un estado de consciencia que te permite permanecer en conexión divina.

Solo debes dirigir tu atención, de manera consciente, dejando el pasado y el futuro a un lado, observando lo que sientes, o lo que piensas sin poner etiquetas ni tratar de cambiarlo.

Para poner esta técnica en práctica puedes elegir algo en lo cual poner tu atención, por ejemplo, en tu respiración, sensaciones corporales, naturaleza, sonidos, olores, actividades de la vida diaria como bañarse, lavar los platos, hacer la cama, comer, etc.

La atención plena, al igual que la meditación, no solo te ayuda a permanecer en conexión, también te ayuda a mejorar los niveles de estrés, la concentración, la claridad mental, el autocontrol y la salud en general.

En los tiempos que corren, cada vez tenemos más estímulos y pareciera que cada vez es más difícil mantenernos con el enfoque en el presente y, en este caso, uno de los principales enemigos de ese enfoque es el teléfono móvil, lo llevamos con nosotros todo el tiempo, incluso dejándolo a nuestro lado mientras dormimos. En muchos casos esto nos esclaviza llevando a entregar nuestro tiempo a los demás sin apartar nuestras propias horas. En este sentido, tan importante es conocer a los "amigos" de la conectividad con lo divino, como conocer a los "enemigos" de esa conectividad, a continuación, te cuento una anécdota relacionada.

Ellos saben lo que necesitas

A principios de año, me encontraba en mi casa compartiendo con mis hijos y no podía dejar de pensar en todas las tareas que tenía pendientes, así que les propuse marcharnos a un lugar donde toda la familia se pudiese distraer y así yo aprovecharía para terminar todas mis tareas mientras ellos se divertían, en este caso sería el boliche.

Al llegar al sitio ocurrió algo inesperado, mi teléfono móvil se apagó, y lo más curioso es que ninguno de los cargadores que había funcionaban. No estoy diciendo que los cargadores no eran los apropiados para el teléfono, lo eran, pero por alguna razón no se cargaba cuando lo conectaba.

Aun así, yo tenía muchas cosas por hacer, una de ellas era trabajar en este libro, también tenía que subir unos programas de Sada Mujer que iban atrasados, hacer unas propuestas publicitarias para algunas estaciones de radio, etc. Entre todo esto, también tenía que cuidar a Gabriel, quien para este momento contaba con un año y medio de edad, sin embargo, la realidad es que no pude hacer ninguna de mis tareas pendientes, así que no me quedó más remedio que disfrutar el momento presente, simplemente solté, decidí estar allí y debo decir que lo pasamos increíble.

Al llegar a casa intenté volver a cargar el teléfono con mi propio cargador, pero tampoco cargó, probé con todos los cargadores de mis hijos, pero nada funcionaba. Mientras tanto cenamos, hicimos vida en familia, etc. Cuando ya me dispuse a dormir a Gabriel, el sueño me vencía, pero aún tenía que hacer unas grabaciones para la radio, correspondientes al programa del día siguiente.

No era capaz de comprender qué era lo que estaba pasando, ¿por qué si siempre podía cargar mi teléfono sin problema aquel día no era posible?

Decidí hablar con mis ángeles.

Les dije que estaba muy cansada y necesitaba recuperar fuerzas para el día siguiente. También les encargué que mi teléfono estuviese cargado al levantarme, lo necesitaba para completar mi trabajo del día.

Al despertar, rápidamente me fijé si el teléfono estaba cargado, para mi sorpresa no solo lo estaba, sino que además también estaba encendido sin la necesidad de que hubiese tenido que introducir mi clave, no sé cómo ocurrió eso, pero ocurrió. A esto le llamo conexión divina.

Ahora entiendo que pasó justamente lo que necesitaba, y no lo que yo quería que pasara desde el ego, necesitaba estar con mi familia, desconectarme del trabajo, descansar y tener un sueño reparador, recibí la ayuda para hacer lo que ni siquiera yo misma sabía que tenía que hacer.

Ellos saben cuándo debes hacer pausa

En enero 2021 cuando comencé con mi proyecto de Sada Mujer, me puse a hacer un análisis de las estadísticas que me permitirían tomar las mejores decisiones estratégicas para aumentar mi alcance y así poder ayudar a la mayor cantidad de oyentes posibles.

Tan solo había comenzado en enero, y en febrero ya estaba acelerada con todos estos datos, investigando y trabajando como nunca.

Un día estaba cocinando y me corté, como consecuencia de este pequeño accidente ni siquiera podía ponerme la ropa interior sola, maquillarme o peinarme, ya que fue en la mano izquierda, y yo soy zurda, así que por un tiempo quedé parcialmente inhabilitada.

El mensaje para mí fue claro, en aquel momento, simplemente tenía que tranquilizarme.

Mi marido y mis hijos se asustaron mucho con la profundidad del corte e insistían en llevarme a urgencias, sin embargo, yo supe que no era necesario, sabía que todo estaría bien, aquello solo había sido un llamado a preservar la calma. Tenía que dejar de lado mi necesidad de querer controlar todo, también dejar el estrés y la prisa.

En aquel momento sentí que solo debía buscar mis aceites esenciales y ponérmelos directos en la herida, eso hice, a pesar de que me dijeron que era una locura. A día de hoy, estoy completamente curada, mi mano tiene una funcionalidad perfecta y ni siquiera tengo cicatriz. Todo esto sin ir al doctor, ni ponerme puntos.

No te estoy diciendo que hagas esto si tienes una herida, estoy diciendo que sigas tu intuición y prestes atención a los mensajes que llegan a tu vida. En mi caso el mensaje era "necesitas parar y estar en el presente, tu mano estará bien".

Cuando no hacemos caso, los mensajes vienen con más fuerza, en mi caso, si no hubiese parado tal vez se hubiese complicado más la situación porque los avisos que estos seres amorosos nos mandan, van subiendo de intensidad.

Ellos solo te piden que te detengas, que disfrutes tu vida, que aproveches tu momento presente.

> *Amplía esta información con el video "Por qué te sientes cansado(a), soluciones espirituales", código QR al final de esta parte III.*

Exploración Espiritual: Existen muchas tradiciones espirituales y filosóficas, simplemente debes encontrar la que mejor resuene contigo, lo importante es que aprendas a reconocer en cuál de ellas vibra más alto tu ser.

Pregúntate, qué piensas de ti, qué quieres para ti. Hazlo sin juzgarte y sin tratarte de manera ruda, por el contrario, hazte estas preguntas desde el amor y la compasión. Reconoce tus fortalezas y cualidades.

Vales mucho

En una ocasión, hablaba con una amiga que estaba divorciándose y ahora tenía que mantener sola a sus hijos, así que había decidido buscar trabajo, me pidió que la ayudara a buscar algo y le pedí que me pasara su currículo.

Me dijo que no tenía ninguno hecho, así que simplemente le recomendé que lo hiciera lo más pronto que pudiese, pero entonces ella rápidamente me dijo que no sabía hacer nada. Le dije que eso no era posible.

Ella era muy amable, le hice ver que seguramente era muy buena prestando atención a clientes, respondiendo un teléfono o en persona. Le pregunté si sabía usar procesadores de palabras y cálculo en la computadora (el paquete de *Office*), si sabía sacar copias, escanear documentos, etc., me dijo a todo que sí.

Finalmente, construyó un currículo bastante robusto, llenándolo con cosas que sabía hacer y que originalmente ella no consideraba importantes o relevantes.

Lo que sucedió en este caso es algo que ocurre con mucha frecuencia a la mayoría de los seres humanos, damos por sentado que aquello que se nos da bien a nosotros, se le da bien a todo el mundo y nada más lejos de esa realidad, somos únicos e irrepetibles.

Y tal vez puedas estar pensando qué valor agregado puede ofrecer alguien que sabe hacer lo que mi amiga sabía hacer, comparado con cientos de personas que saben hacer lo mismo, pues te diría que hay cosas que son únicas en ella como, por ejemplo, la energía, la actitud, la sonrisa, la manera de afrontar los pequeños o grandes retos laborales, en el nivel que le corresponda. Lo mismo ocurre contigo y conmigo.

No eres una persona más que sabe sacar fotocopias, eres una persona capaz de sacar copias que viene con un combo de aptitudes innatas que son solo tuyas.

Reconócete a ti mismo con orgullo aquello que sabes hacer bien, prémiatelo, identifica la luz que hay en ti y pon a dormir esa sombra que también hay en ti, y en cada uno de los seres humanos que componemos este mundo.

Luz y sombra intentan ganar territorio cada día dentro de nuestro ser y solo crecerá aquella a la que le prestes mayor atención la mayor cantidad de tiempo posible. Reconoce el milagro que eres.

Cómo autosanarse a través de la conexión divina

Al hablar de la autosanación, no puedo dejar de hablar de la conexión con el espíritu santo y el Arcángel Rafael, quien te invita a que aceptes el sanador que eres, el sanador que está en ti.

Todos podemos sanar, porque en tu interior lo sabes todo acerca de ti.

Recuerdo en algún momento cuando uno de mis hijos mayores estaba pequeño y se lastimaba las rodillas jugando basquetbol, en aquel momento le decía que usara la energía que emanaba de la planta de sus manos para que sanara las heridas que había en su piel. Gracias a la conexión divina que todos tenemos él podía usar su propio poder para sanar, lo mejor de todo es que se daba cuenta de lo rápido que sanaba cuando hacía esto, y eso lo empoderaba.

De esta manera debemos empoderarnos todos, reconociendo el poder de sanación que se nos fue otorgado en el momento que fuimos creados.

Llegados a este punto es tan importante saber que somos capaces de curarnos, como importante es aprender a entender la razón por la cual nos enfermamos. En este caso, es necesario hacer consciencia de la razón por la cual nos enfermamos, ya que es eso lo que da origen a los síntomas que nos roban calidad de vida.

No nos enfermamos porque haya una pandemia, un virus de moda o porque nos queramos enfermar, nos enfermamos porque dentro de nosotros hay una parte que ya no es capaz de seguir soportando algo.

Por ejemplo, nos enfermamos de la garganta cuando callamos algo que quisiéramos decir, de la espalda cuando llevamos una carga muy fuerte, de las rodillas cuando tenemos miedo de avanzar o de sobrepeso cuando nos sentimos desprotegidos, estas son apenas algunas de las muchas lecturas que estas dolencias pueden significar.

Digamos que tal vez un día te enfermaste porque fuiste a un paseo familiar y te expusiste al frío, o tuviste que ir a un hospital y sospechas que contrajiste alguna enfermedad de las que andaba por allí rondando, o puede ser que tal vez el aire acondicionado en tu oficina está muy fuerte o anduviste descalzo en casa, sin embargo, piensa que ese día en el frío, en el hospital, en la oficina o en casa, había muchas otras personas expuestas a las mismas circunstancias.

La pregunta aquí es, ¿por qué te enfermaste tú y no se enfermaron las otras personas?

Tal vez, la explicación es que inconscientemente, te dolió la garganta como un vehículo para mostrarte un pensamiento inconsciente de aquello que evitaste verbalizar, aquello que ya no aguantas más seguir llevando dentro, o seguir callando. Te duele la espalda porque no te atreves a soltar ese peso que no te corresponde y así sucesivamente. La solución es sacar la emoción.

Otro ejemplo es que sientes acidez estomacal, y todo empieza a caerte mal, entonces comienzas a echarle la culpa al picante, a los cítricos, a las grasas, y a que ya te estás poniendo mayor o a que nunca tienes tiempo para comer.

Si bien es cierto que esas cosas podrían ser el detonante de una acidez estomacal, definitivamente no son el origen, solo son los elementos que disparan el gatillo de un "arma" que ya está cargada. En esta analogía la carga son las emociones. Detente a mirar qué es lo que te está dando tanta rabia, generando impotencia, frustración y miedo para que esa acidez, que podría terminar convertida en una úlcera, esté robándote bienestar.

En la medida que no gestionamos nuestras emociones de baja frecuencia y, por el contrario, las acumulamos, nos encontramos almacenando "munición" que está esperando a ser disparada en cualquier momento donde ya no aguantamos más.

Por el contrario, si trabajamos con la emoción, liberamos al cuerpo de la munición, nos quedamos sin nada que "disparar" y mantenemos a las dolencias, enfermedades y síntomas alejados.

Amplía esta información con el video "Acepta la autosanación" código QR al final de esta parte III.

Deja que tu alma te muestre caminos

En una oportunidad, hablaba con una amiga acerca de un compañero de trabajo que llevaba tiempo ahorrando para su vejez. A sus cuarenta años, aproximadamente, había acumulado una modesta suma de dinero bastante importante comparada con el promedio de los ahorros que suelen tener las personas a esa edad.

Todos esos ahorros estaban en una cuenta en Estados Unidos, ya que le parecía mucho más seguro que guardarlos en su país de origen.

El banco donde guardaba su dinero era muy famoso y reconocido, de los principales del país, sin embargo, por un tema de fraude bancario quebró. Aun así, algunas personas lograron recuperar su dinero, pero el tiempo de espera para saber si el dinero podría recuperarse o no, era de dos años aproximadamente.

Durante esos dos años, el compañero de mi amiga, (una profesional experta en cómo influyen las emociones en el cuerpo), comenzó a sufrir algunas enfermedades con síntomas leves, nada grave, pero presentaba cierto deterioro.

Ella notaba como la espera lo consumía y, a pesar de que hacía lo posible para que él lo notara, esto no funcionaba, su compañero insistía en echarle la culpa de sus dolencias a temas que no tenían nada que ver con las emociones.

El tiempo siguió pasando y un día el veredicto del banco llegó. Le anunciaron que no le devolverían sus ahorros.

En ese momento todos los síntomas de aquel hombre explotaron en dimensiones desproporcionadas, seguidos de una diabetes implacable que lo consumió, acabando con su vida al poco tiempo del anuncio del banco. Obviamente esa situación y su enfermedad estaban directamente relacionadas, no hay que ser un experto en epigenética para notarlo.

Aun así, es posible que él nunca haya encontrado una relación directa entre sus enfermedades y sus circunstancias, porque es lo que ocurre cuando estamos muy metidos dentro del problema, no somos capaces de ver estas asociaciones y se nos hace mucho más fácil y lógico culpar a otros eventos.

Esta historia es un poco dura, pero es más común de lo que pensamos, detrás de cada enfermedad terminal hay una emoción escondida que nunca fue tratada y la mayoría de las personas nunca llegan a darse cuenta que son ellas mismas quienes las están creando.

Aléjate de todo lo que te aleje de ti

En otra oportunidad, una conocida me comentaba que tenía una tos exageradamente fuerte.

Desde la infancia, siempre había tenido eventos de tos que duraban más de la cuenta.

Cada vez que tenía un resfriado o un catarro la tos tardaba demasiado tiempo en curarse, podía llegar a pasar meses tosiendo sin ninguna explicación aparente.

Pasados los años se casó y a los pocos meses de matrimonio se dio cuenta de que se había casado con un maltratador psicológico, que estaba a nada de ser un maltratador físico. Sin embargo, ya estaba embarazada y decidió quedarse en la relación pensando que esto era lo mejor para el niño que venía en camino.

Ella notaba que cada vez que quería hablar con él, para arreglar las cosas, todo se ponía peor y esto fue en aumento al punto de que con tan solo hablar, sin importar de qué fuese el tema, ya se disparaba una discusión de niveles desproporcionados entre la pareja.

Un día, luego de una gripe, vino otro de esos episodios de tos de los que siempre sufría, pero esa vez no duró meses, duró más de un año.

Pasar tanto tiempo tosiendo sin ser capaz de hablar con nadie, hizo que ella dejara de salir para no sentir la frustración de no poder comunicarse de manera oral, como es de suponer también dejó de hablar por teléfono, y luego dejó de relacionarse de manera escrita. Esto trajo una consecuencia totalmente inesperada, perdió parte de su memoria y la capacidad de comunicarse con coherencia, tanto a nivel escrito como verbal, además comenzó a padecer de incontinencia, ya que la tos le hacía forzar los músculos de su suelo pélvico sin descanso, incluso mientras dormía. Nunca dimensionó que no hablar durante más de un año, tendría tantas consecuencias para su condición física y mental.

Al ver tan deteriorada su salud, buscó ayuda profesional, específicamente una biodecodificadora (personas que se encargan de buscar las causas emocionales de las enfermedades), y entendió que lo que estaba ocurriendo con su tos era simplemente su cuerpo creando un mecanismo de defensa para protegerla.

Si su sistema encontraba una manera de callarla, su integridad física no correría peligro ante un maltratador que explotaba en ira cada vez que ella hablaba.

Al notar esto, se armó de valor, tomó acción y se separó de esa pareja. Luego de más de un año con tos y sin poder hablar prácticamente nada, a las dos semanas de su separación la tos desapareció por completo y ella recuperó su voz.

Luego de algún tiempo de trabajo interior, pudo recuperar su memoria, su capacidad de hablar y escribir coherentemente, hoy en día es escritora y conferencista profesional, capaz de inspirar a otras personas en cuanto a la capacidad de autosanación que tenemos sobre nuestro propio cuerpo.

En definitiva, las enfermedades, no son más que las alertas que manda tu cuerpo para decirte "no aguanto más, no conozco una mejor manera de lidiar con esta situación".

En estos casos pregúntate, qué es eso con lo que no puedes lidiar, en el ejemplo que te puse de mi dedo cortado, no podía lidiar con el estrés, en caso del compañero de trabajo de mi amiga, no podía lidiar con el miedo a un futuro incierto, y en el caso de la escritora ya no podía lidiar con la mala comunicación dentro de su relación de pareja.

Ante todos estos casos, lo ideal hubiese sido profundizar en la raíz de la dolencia y tomar una solución con respecto a lo que estaba ocasionando el daño. En mi caso la solución fue detenerme, en el caso de la escritora separarse y elegir una vida en paz, en el caso del hombre, es probable que no haya existido esa fase de introspección, en estos casos el "arma" sigue disparando municiones hasta dañarnos por completo, pero eso no tiene por qué ser así.

Tu salud está en control siempre y cuando tú creas que así es y te mantengas en coherencia con la persona que eres, y esto, es la mayor conexión divina que puede existir.

Dedícate tiempo, será fácil sanar si te tomas el espacio necesario para conocerte y entender qué te hace feliz, hacia dónde quieres ir, a dónde quieres llegar.

Amplía esta información con el video "Inicio de ciclos" código QR al final de esta parte III.

Ejercicio de las emociones

Durante tres veces al día anota en un cuaderno:

1) La emoción que tienes al levantarte.
2) La emoción predominante durante la jornada diaria, por ejemplo, al mediodía.
3) La emoción predominante al irte a la cama.

Al finalizar la semana, revisa tus notas e identifica cuál es la emoción que más se repitió, así como también, los pensamientos que más predominaron. Esto te va a permitir notar en donde estás estancada y cuál es la razón por la cual esto está sucediendo.

Al identificar tus pensamientos desempoderadores, podrás reemplazarlos por pensamientos empoderadores, y eso es todo lo que tienes que hacer, porque cuando cambias tus pensamientos cambian tus emociones, y cuando cambian tus emociones cambia tu salud, y toda tu vida.

Simplemente escucha tu cuerpo y actúa de manera coherente hacia él.

Puede que mientras lees esto pienses que ya lo estás haciendo, pero no somos tan coherentes como pensamos, por ejemplo, a veces con cosas tan simples y rutinarias como ir al baño cuando tenemos ganas de ir, se quedan relegadas, en su lugar aguantamos las ganas. Tampoco nos vamos a dormir cuando estamos exhaustos, en vez de marcharnos a la cama nos quedamos por horas viendo redes sociales en nuestro teléfono móvil. Otras veces tenemos hambre y "castigamos" al cuerpo esperando hasta terminar algo que estamos haciendo.

Tómate tiempo para conocerte y reconocer que partes de ti necesitas sanar porque no te gustan.

Mantente con apertura y receptividad para aceptar el cambio y transformación que necesitas vivir con el fin de evolucionar. Solo tú puedes elegir la enfermedad o la salud, por muy difícil de creer que esto pueda parecer.

Ejercicio de Gratitud

Busca un frasco de cristal y colócalo en un lugar visible para ti durante todo el año, puede ser en tu mesa de noche, en la mesa de entrada, alguna parte de la cocina o la sala, simplemente elige un lugar que frecuentes y que te resuene.

Al finalizar el día escribe en un papel las razones por las cuales has sentido gratitud durante ese día, al terminar el mes lee todos esos papelitos y verás lo cálido que eso se siente.

En mi caso, la primera vez que lo hice, me di cuenta de lo muy agradecida que me sentía hacia lo que hacían los demás, de hecho, por varios meses noté que mis agradecimientos se enfocaban en lo que otros hacían por mí, sin embargo, no solía haber notas de gratitud de las cosas que yo hacía por mí misma. Eso me ayudó a conocerme mejor y ampliar el enfoque de lo que agradecía, este ejercicio también te ayudará a ti conocerte mejor y a identificar el tipo de pensamientos que estás teniendo.

Hacerte consciente de esos pensamientos te ayudará a entender en dónde estás y hacia dónde vas, y esto es fundamental porque tus pensamientos de hoy son tu creación del mañana.

Pregúntate en dónde quieres estar y luego pregúntate si lo que estás pensando hoy, y la manera cómo estás vibrando hoy te llevará allí, solo tú puedes elegir ser quien quieres ser, y esa elección puede renacer cada segundo de tu vida.

Recuerda

En la medida que amas y aceptas lo que eres, tu mundo se organiza, se alinea, fluye y se armoniza, ya que eso es lo que tú eres en esencia, y cuando te conectas con tu esencia tu onda expansiva adquiere dimensiones más amplias, así como también una nueva luz y una nueva fuerza llegando con más claridad y facilidad a cada uno de los seres humanos que te rodea.

En este momento las personas se aproximarán a ti por resonancia y por la frecuencia vibratoria en la que permaneces. Habrá quienes se vayan porque ya no resuenan contigo, habrá quienes se queden y también habrá muchos que llegarán nuevos a sorprender tu existencia, y tu paso por este plano. Todo eso valdrá la pena porque todos los involucrados vivirán en coherencia.

Confía en tu poder, en tu luz interior y en la perfección de tu esencia.

Con amor,

Brenda

PARTE III
PROGRAMA SADA MUJER

SADA MUJER
CONEXIÓN CON
EL CORAZÓN

CREENCIAS
LIMITANTES Y
COMO
MODIFICARLAS

SADA MUJER
IMPORTANCIA
DEL
MOVIMIENTO
PARA LA SALUD

LAS 3 PIEDRAS
EN TU CAMINO
QUE
ALIMENTAN TUS
CREENCIAS
LIMITANTES

APRENDIENDO
A MEDITAR

ACEPTA LA
AUTOSANACIÓN

PARTE III
PROGRAMA SADA MUJER

VOLUNTAD
DIVINA

LA IMPORTANCIA
DEL MOVIMIENTO
PARA LA SALUD

INICIO DE
CICLOS

KARMA YOGA

Regalo

Si este libro ha sido de valor para ti, por favor, deja una reseña en la plataforma donde lo adquiriste, así me ayudarás a darle visibilidad para que llegue a más personas que se encuentren transitando caminos de transformación.

En agradecimiento te haré llegar un video donde te guiamos para que puedas hacer tu *vision board* y tengas claridad en tus objetivos y metas actuales.

Esta herramienta te ayudará a desbloquear tus miedos y creencias limitantes, así como también a anclar tus objetivos para que logres conseguirlos.

Envía la foto de tu reseña al correo electrónico sada.oil.brendaruiz@gmail.com colocando como título "RESEÑA LIBRO"

Visítanos

PÁGINA https://sadaoil.com

YOUTUBE
https://www.youtube.com/channel/SADAMUJER6164

FACEBOOK https://www.facebook.com/SADAMUJER

PODCASTS https://anchor.fm/sadaoils

TWITTER https://twitter.com/sadaoils

INSTAGRAM https://www.instagram.com/sadamujer

TIKTOK https://www.tiktok.com/@sadamujer

Descarga nuestra aplicación en IOS y Android como Sada Radio TV, también en Apple TV y Roku con el mismo nombre.

https://apps.apple.com/us/app/sada-radio-tv-oficial/id6467153513